www.ingramcontent.com/pod-product-compliance
Lightning Source LLC
LaVergne TN
LVHW010605070526
838199LV00063BA/5084
9789358725797

بیدی

کے مضامین اور انشائیے

(مضامین / انشائیے / خاکے)

راجندر سنگھ بیدی

© Taemeer Publications LLC

Bedi ke mazameen aur Inshaiyeh

By: Rajinder Singh Bedi

Edition: February '2024

Publisher :

Taemeer Publications LLC (Michigan, USA / Hyderabad, India)

ISBN 978-93-5872-579-7

9 789358 725797

مصنف یا ناشر کی پیشگی اجازت کے بغیر اس کتاب کا کوئی بھی حصہ کسی بھی شکل میں بشمول ویب سائٹ پر اَپ لوڈنگ کے لیے استعمال نہ کیا جائے۔ نیز اس کتاب پر کسی بھی قسم کے تنازع کو نمٹانے کا اختیار صرف حیدرآباد (تلنگانہ) کی عدلیہ کو ہو گا۔

© تعمیر پبلی کیشنز

کتاب	:	**بیدی کے مضامین اور انشائیے**
مصنف	:	**راجندر سنگھ بیدی**
پروف ریڈنگ / تدوین	:	سید حیدرآبادی
صنف	:	مضامین / انشائیے / خاکے
ناشر	:	تعمیر پبلی کیشنز (حیدرآباد، انڈیا)
سالِ اشاعت	:	۲۰۲۴ء
صفحات	:	۷۸
سرورق ڈیزائن	:	تعمیر ویب ڈیزائن

فہرست

	راجندر سنگھ بیدی	6
	یوسف ناظم کے خاکوں کی روشنی میں (از: رفیق جعفر):	
(۱)	افسانوی تجربہ اور اظہار کے تخلیقی مسائل	10
(۲)	فلم بنانا کھیل نہیں	19
(۳)	چلتے پھرتے چہرے	27
(۴)	مہمان	36
(۵)	خواجہ احمد عباس	50
(۶)	تُرکِ غمزہ زن (اوپندرناتھ اشک پر خاکہ)	61

راجندر سنگھ بیدی: یوسف ناظم کے خاکوں کی روشنی میں

رفیق جعفر

راجندر سنگھ بیدی سے یوسف ناظم کے قریبی مراسم تھے اسی لئے انہوں نے بیدی پر بڑے خلوص سے ایک خاکہ لکھا۔ اس خاکے میں زیادہ تر بیدی کی بیماری کا ذکر ہے۔ بیمار بیدی کی زندہ دلی کی باتیں ہیں۔ بطور "شخص" بیدی کی شخصیت اس خاکے میں جگہ جگہ ہمہ رنگی صفات لئے ابھرتی ہے۔ یوسف ناظم کے مشاہدے کا اظہار دیکھئے۔

لڑکپن کے ہم ساز راجندر سنگھ بیدی آگے چل کر دوستوں کے دم ساز تو بنے لیکن زمانہ ساز نہ بن سکے۔ یہ فن انہیں نہیں آیا۔ وہ بس دوستوں پر جان اور محفلوں پر پان چھڑکتے رہے۔ جب وہ بے تماشہ پان کھاتے تھے تو نہ رستم کی پرواکرتے تھے نہ سکندر کی، ان کے اپنے کپڑے تو خیر ان کے اپنے ہی تھے لیکن دوسروں کے کپڑوں سے بھی انہوں نے غیرت نہیں برتی، ان کا مخاطب ہمیشہ لہولہان ہو جاتا تھا۔ کہتے تھے یہ خلوص کی نشانی ہے اور کیا یاد کروگے کہ کسی رئیس سے سابقہ پڑا تھا۔ ایک مرتبہ بیمار پڑے تو کھار (ممبئی) کے کسی نرسنگ ہوم میں رکھے گئے۔ جب بھی ان کے تیمادار ان ان سے ملنے جاتے، انہیں نرسنگ ہوم میں داخل ہو کر ان کے کمرے تک جانے کی کبھی زحمت نہیں اٹھانی پڑتی تھی۔ راجندر سنگھ بیدی نرسنگ ہوم کے قریب ہی کی ایک پان کی دکان پر کھڑے مل جاتے تھے۔ کئی پان ان کے منہ میں اور پانوں کا پلندہ ان کے ہاتھ میں ہوتا۔ پان انہوں نے گن کر کبھی نہیں کھائے۔ انکا عقیدہ ہے کہ گننے سے پان کا مزا بگڑ

جاتا ہے۔

اقتباس کے شروع میں "لڑکپن کے بم ساز" پر چونکنے یا شک کرنے یا جھوٹ قرار دینے کی قطعاً ضرورت نہیں کیونکہ یہ سچائی بیدی کے قلم نے ہی ظاہر کی ہے ملاحظہ کیجئے:

کچھ لڑکوں کو ساتھ لے کر میں نے ایک کھنڈر میں بم بنانے کی کوشش کی، انگریز گورنر مونٹ مورنسی تو جوں کا توں سلامت رہا لیکن میرے ایک ساتھی کا ہاتھ اڑ گیا۔ وہ میرا ہاتھ بھی ہو سکتا تھا، جس سے میں نے بعد میں کہانیاں لکھیں اور اب اسے آپ کے ہاتھ پر رکھے ہوئے ان گناہوں کا اعتراف کر رہا ہوں۔

اس خاکے میں بیدی کی تحریر کے اقتباس کے بعد یوسف ناظم لکھتے ہیں:

"کیا بیدی صاحب کہہ سکتے ہیں کہ ان کی کہانیاں بم نہیں ہیں؟ دستی بموں اور قلمی بموں میں زیادہ فرق نہیں ہوتا۔"

انہوں نے یہ بات کہہ کر بیدی کی کہانی کے فن کی دل کھول کر داد دی ہے۔ یوسف ناظم کے تحریری فن کا یہ بھی ایک خاص وصف ہے کہ وہ اچانک ایک ایسا جملہ لکھ جاتے ہیں کہ قاری سوچنے پر مجبور ہو جاتا ہے۔ ان کے مضامین میں اچانک آنے والے پر لطف جملے قاری سے ان کے آگے کی تحریر پڑھوا لیتے ہیں۔

بیدی کی شرافت، ایمانداری اور وضعداری دوستوں، رشتہ داروں اور ان کے چاہنے والوں میں بہت مشہور تھی۔ جنہوں نے بیدی صاحب کو قریب سے دیکھا ہے وہ گواہی دے سکتے ہیں کہ بیدی ایک مثالی انسان تھے۔ (یہ بات کہنے میں مَیں اس لئے حق بجانب ہوں کہ میں اور پرویز یداللہ مہدی اکثر بیدی کے ماٹونگا والے گھر یا پھر ان کے بیٹے نریندر بیدی کے فلمی دفتر پر ملنے جایا کرتے تھے) یوسف ناظم نے اپنے خاکے میں بیدی کی شرافت اور سعادت مندی کا ایک واقعہ بیان کیا ہے۔

وہ اب بھی اپنے آپ کو طالب علم بلکہ شاگرد سمجھتے ہیں (طالب علم اور شاگرد میں فرق یہ ہوتا ہے کہ شاگرد زیادہ مطیع و فرماں بردار ہوتا ہے) عالم شاگردی میں میں نے انہیں اس وقت دیکھا جب پانچ چھ سال پہلے اپندر ناتھ اشک بمبئی آئے تھے۔ لنکا یا نیپال سے کسی ہندی کانفرنس سے لوٹے تھے اور بیدی صاحب ہی کے ہاں ٹھہرے تھے۔ مجروح سلطانپوری کے ہاں ایک محفل میں، جس میں زہرہ نگاہ بھی شریک تھیں۔ بیدی صاحب مع اشک کے موجود تھے اور بالکل زانوئے تلمذ تہہ کئے ہوئے تھے (بلکہ اشک بدیدہ تھے) کہہ رہے تھے۔ اشک صاحب کو میں اپنی کہانیاں دکھایا کرتا تھا۔

یہ واقعہ لکھ کر یوسف ناظم نے بیدی کی شخصیت کے ایک خاص پہلو کو اجاگر کیا ہے۔ اسی کے ساتھ انہوں نے لکھا ہے:

"آل احمد سرور سے بھی انہیں اتنی ہی رغبت تھی"

اس سے ظاہر ہوا کہ یوسف ناظم کی نظر میں بیدی کے اخلاقی پہلوؤں پر بھی تھی، جس سے وہ متاثر تھے۔

بیدی کی رنگارنگ شخصیت، خوش گوئی اور زندہ دلی بمبئی کے علمی، فلمی اور ادبی حلقوں میں مشہور تھی، لیکن بیدی ادب والوں سے گفتگو کر کے خوش اور مطمئن ہوا کرتے تھے۔ ہر ملنے والے کو وہ برابری کا درجہ دیتے، خود نمائی یا بڑاپن ان کی شخصیت سے کبھی ظاہر نہیں ہوتا تھا۔ گفتگو کے فن سے وہ خوب واقف تھے۔ خالص اردو کے لفظ ان کے پنجابی لہجے میں بہت اچھے لگتے تھے۔ اور لطیفے سنانا تو کوئی ان سے سیکھے! ان کی زندہ دلی اور لطیفہ گوئی کے بارے میں یوسف ناظم کے خیالات ملاحظہ کریں۔

بمبئی میں لطیفوں کی سب سے اونچی دکان راجندر سنگھ بیدی کی تھی ان کے ہاں سیکنڈ ہینڈ مال نہیں ملتا تھا، صرف منتخب چیزیں ہوتیں جن میں سرداروں کے لطیفے

ہوتے۔ بیدی صاحب ان لطیفوں کو ہر جگہ تقسیم کرتے تھے۔ گویا ان کی ترویج و اشاعت تنہا انہیں کی ذمہ داری تھی۔ اس معاملے میں وہ ہمیشہ فرض شناسی سے اپنا کام انجام دیتے تھے۔

راجندر سنگھ بیدی مرغن غذاؤں کے بھی شوقین تھے۔ باتوں میں بھی اکثر وہ اچھی لذیذ غذاؤں کے بارے میں بتاتے کہ کون سی غذا کس شہر کی لذیذ ہوتی ہے۔ ڈشس کے نام بھی وہ بتایا کرتے تھے۔ بیدی کی گوشت خوری کے بارے میں یوسف ناظم کا بیان ملاحظہ کریں۔

گوشت خوری ان کا محبوب مشغلہ رہا ہے اور مرغے کے شکار کو وہ سب سے بہتر شکار سمجھتے تھے۔ کہتے ہیں شکار کے لئے بیاباں کیوں جایا جائے، دستر خوان ہی کیوں نہ چنا جائے، کسی مسلمان دوست کے ہاں کھانا کھاتے تو ضرور داد دیتے۔

راجندر سنگھ بیدی کی شخصیت کے جن پہلوؤں پر یوسف ناظم نے روشنی ڈالی ہے وہ قابل داد تو ہے ہی لیکن شاید یوسف ناظم کو اس بات کا احساس تھا کہ اس خاکے میں بیدی کی شخصیت کا پوری طرح احاطہ نہیں کیا گیا۔ اسی لئے تو انہوں نے اس خاکے کا نام رکھا "پورا آدمی، ادھورا خاکہ"

ماخوذ از کتاب:
طنز و مزاح کے تین ستون۔ از: رفیق جعفر

(۱) افسانوی تجربہ اور اظہار کے تخلیقی مسائل

میں معافی چاہوں گا کہ اس مضمون کو کھولنے کے لیے مجھے اپنی ذات میں سے ہو کر گزرنا پڑ رہا ہے۔ آپ اس لیے بھی درگزر کریں گے کہ اتنی بڑی مخلوق کی میں بھی اکائی ہوں ایک، اس لیے سب کو سمجھنے کے لیے میرے نزدیک یہ ضروری ہے کہ پہلے میں آپ کو سمجھ لوں۔

افسانوی تجربہ کیا ہے؟ مجھے افسانہ سازی کی لت کیسے پڑی؟ اگر یہ مجھے اور میرے کچھ دوستوں کو پڑی، تو باقی دوسروں کو کیوں نہیں پڑی؟ کیوں نہیں میں کسی فرنانڈس کی طرح گرجے کے سامنے بیٹھا موم بتیاں بیچتا؟

فن کسی شخص میں سوتے کی طرح نہیں پھوٹ نکلتا۔ ایسا نہیں کہ آج رات آپ سوئیں گے اور صبح فنکار ہو کر جاگیں گے۔ یہ نہیں کہا جا سکتا کہ فلاں آدمی پیدائشی طور پر فنکار ہے، لیکن یہ ضرور کہا جا سکتا ہے کہ اس میں صلاحیتیں ہیں، جن کا ہونا بہت ضروری ہے، چاہے وہ اسے جبلت میں ملیں اور یا وہ ریاضت سے ان کا اکتساب کرے۔ پہلی صلاحیت تو یہ کہ وہ ہر بات کو دوسروں کے مقابلے میں زیادہ محسوس کرتا ہو، جس کے لیے ایک طرف تو وہ داد و تحسین پائے اور دوسری طرف ایسے دکھ اٹھائے جیسے کہ اس کے بدن پر سے کھال کھینچ لی گئی ہو اور اسے نمک کی کان سے گزرنا پڑ رہا ہو۔

دوسری صلاحیت یہ کہ اس کے کام و دہن اس چرند کی طرح سے ہوں، جو منہ چلانے میں خوراک کو ریت اور مٹی سے الگ کر سکے۔ پھر یہ خیال اس کے دل کے کسی کونے میں نہ آئے کہ گھاسلیٹ یا بجلی کا زیادہ خرچ ہو گیا، یا کاغذ کے ریم کے ریم ضائع ہو

گئیے۔ وہ جانتا ہو کہ قدرت کے کسی بنیادی قانون کے تحت کوئی چیز ضائع نہیں ہوتی۔ پھر وہ ڈھیٹ ایسا ہو کہ نقش ثانی کو ہمیشہ نقش اول پر ترجیح دے سکے۔ پھر اپنے فن سے پرے کی باتوں پہ کان دے۔۔۔ مثلاً موسیقی، اور جان پائے کہ استاد آج کیوں سر کی تلاش میں بہت ہی دور نکل گیا ہے۔ مصوری کے لیے نگاہ رکھے اور سمجھے کہ وشی واشی میں خطوط کیسی رعنائی اور توانائی سے ابھرے ہیں۔ اگر یہ ساری صلاحیتیں اس میں ہوں تو آخر میں ایک معمولی سی بات رہ جاتی ہے اور وہ یہ کہ جس اڈیٹر نے اس کا افسانہ واپس کر دیا ہے، نااہل ہے!

اس کے بعد کوئی بھی چیز افسانے کے عمل کو چھیڑ (TRIGGFER OFF) سکتی ہے مثلاً کوئی راہ جاتا اس کی پگڑی اچھال دے یا کوئی ایسا حادثہ پیش آجائے، جس پہ اس غریب کا کوئی بس نہ ہو اور جو اسے بے سلامتی کا شکار کر دے اور وہ اپنے دل میں ٹھان لے کہ مجھے اس بے تعاون، بے رحم دنیا میں کہیں جگہ پانا ہے، کچھ بن کے دکھانا ہے۔ یہ حقیقت ہے کہ جب تک آدمی خطرے سے دوچار نہیں ہوتا، اس میں مدافعت کی وہ قوتیں نہیں ابھرتیں، قدرت کے پاس جن کا بہت بڑا خزانہ ہے۔

نوعمری میں یہ سب باتیں میرے ساتھ ہوئیں اور مجھے یقین ہے کہ تھوڑے یا زیادہ فرق کے ساتھ دوسرے فنکاروں پر بھی بیتی ہوں گی۔ اکثر لوگوں کو حادثے پیش آتے ہیں اور وہ گوناگوں مصیبتوں کا شکار ہوتے ہیں، لیکن یہ محض اتفاق کی بات ہے کہ وہ فن کے راستے سے گزرنے کی بجائے کسی اور طرف مڑ لیے۔ صدر ہر جا کہ نشیند، صدر راست۔ انہوں نے یا تو اپنے مخصوص کام میں جھنڈے گاڑے اور یا تھک ہار کر جنت کو سدھارے۔ گویا بے عزتی اور پے در پے حادثوں کے بعد کچھ کرنے، بن کر دکھانے کے سلسلے میں اپنے ملک کے ہر اردو داں نوجوان کی طرح غزل کہنے کی کوشش کی، لیکن

کسی نتیجے پر نہ پہنچ سکا۔ کیوں کہ چھوٹی عمر ہی میں میری شادی ہو گئی تھی۔۔۔ آپ میری بات سمجھیے۔۔۔ کوئی معشوق میرے سامنے تھا ہی نہیں۔ اگر تھا تو مجھے بچہ سمجھ کر ٹال جاتا تھا۔ اگر وہ رکے تو میری بیوی جوتا پکڑ کر اسے ہنکال دیتی تھی۔

میں نے تو یہ پڑھ رکھا تھا کہ عشق پہلے معشوق کے دل میں پیدا ہوتا ہے، اس لیے میں چپکے سے بیٹھا اس کا انتظار کرتا رہا اور کرتا ہی رہ گیا۔ میں نے ہجر و وصال، وفا و بے وفائی، رقیب و محتسب کے مضمون شاعروں کے تتبع میں باندھے، مگر وہ سب مجھے جھوٹے اور کھوکھلے لگتے تھے۔ میں نے دیکھا کہ محتسب تو میں خود ہوں۔ رقیبِ روسیاہ کی کیا مجال جو فرسنگ بھی میرے گھر کے پاس پھٹکے۔ یہ تو شادی کے اَن لکھے معاہدے کی دوسری مد ہے، جس کی رو سے اگر رقیب کو قتل نہیں کیا جا سکتا، حوالات تو بھجوایا جا سکتا ہے۔

بہت کم لوگ ہیں جو فیض کی طرح رقیب کے ساتھ رشتہ پیدا کر سکتے ہیں اور اس کے افادی پہلو سے واقف ہیں۔ گویا زندگی جو بھی تعلیم مروجہ شعر کے سلسلے میں دیتی تھی، میں اس میں کورا ہی رہا۔ اس کے برعکس میڈم زندگی نے تلافیِ مافات میں مجھے دوسرے مسئلے دے دیے۔ مثلاً خانہ داری کے مسئلے، روزگار کے مسئلے جو کسی طرح بھی عشق کے مسائل سے کم نہ تھے۔ حالات نے ایسا جمود پیدا کر دیا اور بدن میں ایسی کپکپی کہ لاہور کے لنڈے بازار سے خریدا ہوا، مرانجامرانجا اینڈ کو کا پرانا، پھٹا ہوا گرم کوٹ بھی مجھے نہ بچا سکا۔

بس، بہت ہولی۔ اب میں اپنی بات بند کرتا ہوں، کیوں کہ گرم کوٹ کے بعد میرے ساتھ کیا ہوا اور کیا نہ ہوا، یہ کچھ لوگ جانتے ہیں۔ بلکہ کیا نہیں ہوا کے بارے میں انہیں مجھ سے زیادہ واقفیت ہے۔

افسانے اور شعر میں کوئی فرق نہیں۔ ہے، تو صرف اتنا کہ شعر چھوٹی بحر میں ہوتا ہے اور افسانہ ایک ایسی لمبی اور مسلسل بحر میں جو افسانے کے شروع سے لے کر آخر تک چلتی ہے۔ مبتدی اس بات کو نہیں جانتا اور افسانے کو بحیثیت فن، شعر سے زیادہ سہل سمجھتا ہے۔ پھر شعر، فی الخصوص غزل میں آپ عورت سے مخاطب ہیں، لیکن افسانے میں کوئی ایسی قباحت نہیں۔ آپ مرد سے بات کر رہے ہیں، اس لیے زبان کا اتنا رکھ رکھاؤ نہیں۔ غزل کا شعر کسی کھر درے پن کا متحمل نہیں ہو سکتا، لیکن افسانہ ہو سکتا ہے۔ بلکہ نثری نژاد ہونے کی وجہ سے اس میں کھر دراپن ہونا ہی چاہیے، جس سے وہ شعر سے ممیز ہو سکے۔

دنیا میں حسین عورت کے لیے جگہ ہے تو اکھڑ مرد کے لیے بھی ہے، جو اپنے اکھڑ پن ہی کی وجہ سے صنفِ نازک کو مرغوب ہے۔ فیصلہ اگرچہ عورت پہ نہیں، مگر وہ بھی کسی ایسے مرد کو پسند نہیں کرتی جو نقل میں بھی اس کی چال چلے۔ ہمارے نقادوں نے افسانے کو داد بھی دی تو نظم کے راستے سے ہو کر، نسق کی راہ سے نہیں۔ جس سے اچھے اچھے افسانہ نگاروں کی ریل پٹری سے اتر گئی اور جو نہیں اتری تھی تو ایسی توصیف سے متاثر ہو کر انہوں نے خود، اپنے ہاتھوں سے اپنی لائن کے نٹ بولٹ ڈھیلے کر لیے۔

یہ طے بات ہے کہ افسانے کا فن زیادہ ریاضت اور ڈسپلن مانگتا ہے۔ آخر اتنی لمبی اور مسلسل بحر سے نبرد آزما ہونے کے لیے بہت سی صلاحیتیں اور قوتیں تو چاہئیں ہی۔ باقی اصنافِ ادب، جن میں ناول بھی شامل ہے، ان کی طرف جزواً جزواً توجہ دی جا سکتی ہے، لیکن افسانے میں جزو و کل کو ایک ساتھ رکھ کر آگے بڑھنا پڑتا ہے۔ اس کا ہر اول، متد اول اور آخری دستہ مل کر نہ بڑھیں تو یہ جنگ جیتی نہیں جا سکتی۔ شروع سے لے کر آخر تک لکھ لینے کے بعد پھر آپ ایک لفظ بڑھانے یا دو فقرے کاٹ دینے ہی کے لیے

لوٹ سکتے ہیں۔ ایزاد و اضافے کی بہ نسبت میں نے بے خیالی میں قائم نہیں کی، کیوں کہ یہ حقیقت ہے کہ افسانے میں ایزاد، اضافے سے زیادہ ضروری ہے۔ آپ کو ان چیزوں کو قلم زد کرنا ہی ہو گا، جو بجائے خود خوبصورت ہوں اور مجموعی تاثر کو زائل کر دیں یا مرکزی خیال سے پرے لے جائیں۔

اب میں ایک چونکا دینے والی بات کرنے جارہا ہوں اور وہ یہ ہے کہ اردو زبان نے ابھی اتنی ترقی نہیں کی ہے کہ افسانے کے سے فن لطیف کو اس طریقے سے سمجھ سکے یا قبول کرسکے، جیسے سمجھنا یا قبول کرنا چاہیے۔ میری اس بات کو سمجھنے کے لیے آپ پیچھے مڑ کر دیکھیے کہ ہر آن آپ نے ڈکشن پہ کچھ زیادہ ہی زور دیا ہے۔ اس عمل کا گراف بنایا جائے تو وہ میر، انیس اور غالب کے بعد داغ تک نیچے ہی آتا ہوا دکھائی دے گا۔ معلوم ہوتا ہے، ہم نے 'فسانۂ آزاد' کو افسانہ یا ناول ہی سمجھ کر پڑھا۔ ہم نے اس کا مقابلہ (VANITY FAIR) سے کیا ہے۔ ہم نے آغا حشر کو ہندوستانی شیکسپیئر بھی کہا ہے، جس سے پتا چلتا ہے کہ ہم نے دونوں میں سے کسی ایک کو نہیں پڑھا اور اگر پڑھا تو فرق کو نہیں سمجھا۔ یہی وجہ ہے کہ پونا فلم اور ٹیلی وژن انسٹی ٹیوٹ میں ممتحن کی حیثیت سے جب میں نے ایک امیدوار سے سوال کیا۔۔ آپ کو کون سے مصنف پسند ہیں تو اس نے آنکھ جھپکے بغیر جواب دیا، "مجھے تو دو ہی مصنف پسند ہیں سر! گلشن نندہ اور شیکسپیئر!"

کبھی ہمایوں اور ادبی دنیا، دونوں رسالے فیاض محمود اور عاشق بٹالوی کی توصیف میں کالے تھے۔ اور آج ہم ہی افسانے کی تاریخ میں ان بے چاروں کا ذکر تک نہیں کرتے۔ ہم نے افسانے میں زور بیان کو اس قدر سراہا ہے کہ ادب تو ایک طرف، خود ادیب کو نقصان پہنچایا ہے۔ افسانے میں اظہار کے تخلیقی مسائل میں سب سے بڑا مسئلہ گریز کا ہے۔ لیکن ہمارے شغب آشنا کان گریز کو عجز بیان کا نام دیتے ہیں۔ ہم ابھی تک

داستان گوئی، فلسفہ رانی اور تاریخی واقعات کو آج یا کل کے کرداروں کی معرفت پیش کر دیے جانے پر سر دھنتے ہیں۔ سر دھننے سے مجھے کچھ وہ نہیں ہے۔ کیوں کہ وہ تو ہم کچھ بھی کر کے دھنیں گے ہی کہ وہ ہماری عادت ثانیہ ہو چکی ہے مگر تکلیف اس وقت ہوتی ہے، جب ہم خطیب، مورّخ اور فلسفہ بردار کو ہی افسانہ نگار کا نام دیتے ہیں۔

افسانہ کوئی سودیشی (INDIGENOUS) شے نہیں۔ ہم نے جاتک کہانیاں لکھیں۔ کتھا سرت ساگر لکھی اور ہم سے لوگ انہیں مغرب لے گئے۔ جہاں انہوں نے کہانی کو فن بنا دیا۔ ہیئت میں بے شمار تجربے کیے، جن سے استفادہ کرنے میں ہمیں کوئی عار نہیں ہے۔ افسانے کے فن کو چھوڑیے، کسی بھی فن کو جانچنے پرکھنے کے لیے عالمی پیمانے پر اسے جاننے اور سمجھنے کی ضرورت ہے۔ یہاں کوئی علاحدگی (ISOLATION) نہیں ہے۔ ملکوں اور قوموں کی حدیں نہیں ہیں۔ بہ شرطے کہ آپ منٹو کو موپساں اور مجھے چیخوف کے نام سے نہ پکارنے لگیں۔ حالانکہ یہ ممکن ہے میں خود کو کاوا باٹا کہلوانا پسند کروں۔ آپ کو کیسا لگے گا اگر میں کہوں کہ رام لال اور جوگندر پال ہندستان کے ہیزش بوہل ہیں اور قرۃ العین حیدر، ہان سویان۔ مجھے اس پر بھی اعتراض نہیں ہے، بہ شرطے کہ ہان سویان کے ہم وطن اسے اپنے دیس کی قرۃ العین حیدر کہیں۔

عجیب دھاندلی ہے نا۔ معلوم ہوتا ہے اردو اسم بامسما ہوتی جا رہی ہے۔ ہیزش بوہل کا ایک کردار جو جج ہے، کہتا ہے، "ایسے مقدمے میں انصاف قسم کی کوئی چیز ہی نہیں، کیوں کہ ملزم اس کا تقاضا ہی نہیں کرتے۔ یہ ایک ایسی آمریت ہے، جس میں انفرادی اظہار اور خلاقی سہو زمانی (ANACHRONISTIC) بات ہے۔۔۔"

مذکورہ ریاضت اور عالمی پیمانے پہ گرد و پیش کی آگہی کے بعد ہی افسانے پر عبور

حاصل ہوتا ہے اور جب یہ بات ہو جاتی ہے تو افسانہ لکھنے والے کے اضطرار (REFLEXES) کا حصہ ہو جاتا ہے۔ نہ صرف آپ کی بے ارادہ بات سے افسانے کا مواد مل سکتا ہے، بلکہ ہر موڑ، ہر نکڑ پہ افسانے بکھرے ہوئے دکھائی دیتے ہیں، اور وہ تعداد میں اتنے ہیں کہ انہیں سمیٹتے ہوئے افسانہ نگار کے ہاتھ قلم ہو جائیں۔ بہ ہر حال افسانوی تجربے پر عبور حاصل ہو جانے کے بعد افسانہ نگار کو یونان کے اساطیری کردار 'می ڈاس' کا وہ لمس مل جاتا ہے، جس سے ہر بات سونا ہو جاتی ہے۔ فرق صرف اتنا ہے کہ ہندستان کا افسانہ نگار سونے کو بھی چھوتا ہے تو وہ افسانہ ہو جاتا ہے۔ گھبراہٹ کی بات اس لیے نہیں کہ اتنا سونا پا کر می ڈاس بھی بھوکا مرا تھا۔

افسانہ لکھنے کے عمل میں بھولنا اور یاد رکھنا دونوں عمل ایک ساتھ چلتے ہیں۔ غالباً یہی وجہ ہے کہ بڑی بڑی ڈگریوں والے۔ پی۔ ایچ۔ ڈی اور ڈی۔ لیٹ۔ اچھا افسانہ نہیں لکھ سکتے، کیوں کہ انہیں بھول نہ سکنے کی بیماری ہے۔ میں ایک دماغی تساہل کی طرف اشارہ کرتا ہوں، جسے منٹو نے میرے نام ایک خط میں لکھا، "بیدی! تمھاری مصیبت یہ ہے کہ تم سوچتے بہت زیادہ ہو۔ معلوم ہوتا ہے کہ لکھنے سے پہلے سوچتے ہو، لکھتے ہوئے سوچتے ہو اور لکھنے کے بعد بھی سوچتے ہو۔" میں سمجھ گیا کہ منٹو کا مطلب ہے۔۔۔ میری کہانیوں میں کہانی کم اور مزدوری زیادہ ہے۔ مگر میں کیا کرتا؟ ایک طرف مجھے فن اور دوسری طرف زبان سے لوہا لینا تھا۔ اہل زبان اس قدر بے مروت نکلے کہ انہوں نے اقبال کا بھی لحاظ نہ کیا۔ کسی سے پوچھا آپ اقبال سے ملے تو کیا بات ہوئی؟ بولے، کچھ نہیں میں جی ہاں، جی ہاں، کہتا رہا اور وہ 'ہاں جی، ہاں جی' کہتے رہے۔

اب حالات میں نسبتاً آسانی ہے، یوں کہ سند کے لیے ہمیں کہیں دور نہیں جانا ہے۔ پرسوں ہی ڈاکٹر نارنگ مجھ سے کہہ رہے تھے کہ پاکستان میں ایک تحریک چلی ہے جو

شوکت صدیقی اور قرۃ العین حیدر کی پورب سے آئی ہوئی زبان کو ٹکسالی نہیں مانتی۔ بہ ہر حال میں نے منٹو کی تنقید سے فائدہ اٹھایا اور دھیرے دھیرے اپنی کہانی سے ہاتھ کو مار بھگایا لیکن اس کا کیا کروں کہ وہ ادھر ادھر سے ہو کر پھر رونما ہو جاتا ہے۔ وہ بے ادائی کی ادا جس کی طرف منٹو نے اشارہ کیا، میرؔ کے الفاظ میں خاک ہی میں مل کر میسر آتی ہے۔ لیکن یہی بے ادائی اور قلم برداشتگی جہاں منٹو اور کرشن چندر میں مزا پیدا کرتی تھی، وہیں بدمزگی بھی۔

منٹو کی تنقید کی وجہ سے میری حالت عورت کی سی تھی جو مقبوض اور تاراج بھی ہونا چاہتی ہے اور پھر اس کا بدلہ لینا بھی۔ جب میں نے منٹو کے کچھ افسانوں میں لا ابالی پن دیکھا تو انہیں لکھا۔۔۔ منٹو، تم میں ایک بڑی بات ہے اور وہ یہ کہ تم لکھنے سے پہلے سوچتے ہو اور نہ لکھتے وقت سوچتے ہو اور نہ لکھنے کے بعد سوچتے ہو۔

اس کے بعد منٹو اور مجھ میں خط و کتابت بند ہو گئی۔ بعد میں پتا چلا کہ انہوں نے میری تنقید کا اتنا برا نہیں مانا، جتنا اس بات کا کہ میں لکھوں گا خاک، جب کہ شادی سے پرے مجھے کسی بات کا تجربہ ہی نہیں۔ اس پر طرفہ، میں نہ صرف بھینس کا دودھ پیتا ہوں بلکہ اسے پال بھی رکھا ہے۔ میں انہیں کیسے بتاتا کہ اگر اونٹ کا رشتہ مسلمان سے ہے، گائے کا ہندو سے، تو سکھ کا بھی کسی سے ہو سکتا ہے۔

افسانہ ایک شعور، ایک احساس ہے، جو کسی میں پیدا نہیں کیا جا سکتا۔۔۔ اسے محنت سے حاصل تو کیا جا سکتا ہے لیکن حاصل کرنے کے بعد بھی آدمی دست بہ دعا ہی رہتا ہے۔ کچھ وافر باتیں سوءِ ہضم کی وجہ سے بھی اس میں آجاتی ہیں اور کچھ کسی اور ذہنی فتور سے۔ تسکین کی بات صرف اتنی ہے کہ افسانہ ابھی ہمارے ہاتھ سے نکل کر اڈیٹر کے ہاتھ نہیں پہنچا۔ ہم اس میں ایزادو اضافہ کر سکتے ہیں اور اس پر بات نہ بنے تو پھاڑ کر پھینک سکتے

ہیں۔ اگر ہیمنگ وے پانچ سو صفحے لکھ کر ان میں سے صرف چھیانوے صفحے کا مواد نکال سکتا ہے، تو ہم ایسا کیوں نہیں کر سکتے؟

اردو میں بہت عمدہ افسانے لکھے گئے ہیں۔ اگر ان کی تعداد گنی چنی ہے تو اس کی یہی وجہ ہے کہ اپنے اور دوسروں کے تقاضے پورے کرنے میں ہم یہ نہیں دیکھتے کہ ایمان ہاتھ سے جا رہا ہے۔ یہ نہیں جانتے کہ ہم اپنے ہی امیج کے قیدی ہو کر رہ گئے ہیں۔

(۲) فلم بنانا کھیل نہیں

فلم یوں تو کھیل ہے، لیکن اس کا بنانا کھیل نہیں۔ ارادے اور روپ ریکھا سے لے کر فلم بنانے تک بیچ میں بیسیوں، سیکڑوں ایسی رکاوٹیں آتی ہیں کہ بڑے دل گردے والا آدمی بھی دم توڑ سکتا ہے۔

سوشل فلم باقی دوسری فلموں سے الگ نہیں، لیکن زیادہ مشکل اس لیے ہے کہ سماج مختلف قسم کا ہے۔ کئی مذہب، نسل، صوبے، بولیاں ٹھولیاں ہیں۔ جمہوری نظام نے انفرادی طور سے سب کو بنیادی حقوق دے رکھے ہیں اور مجموعی طور پر برابری کے حقوق۔ کہنے کا مطلب یہ نہیں کہ میں ان حقوق کے خلاف ہوں، لیکن ایک بات ضرور ہے کہ انفرادی اور اجتماعی طور سے ابھی میرے بھائیوں کو ان حقوق کا استعمال کرنا نہیں آتا۔

مجھے یاد ہے، جب میں نے فلم 'مرزا غالب' لکھی تو اول اور آخر ہمارے سامنے مقصد یہ تھا کہ دیش کے کونے کونے میں مرزا غالب کا کلام گونجے۔ لوگ ان کے خیالات اور ان کی شاعری کی عظمت سے روشناس ہوں، کہانی تو ایک بہانہ ہوتی ہے، جس کی مدد سے آپ اس عہد کے سماج کی پر چھائیاں قلم بند کرتے ہیں۔ چنانچہ بہادر شاہ ظفر کہتے ہیں، "آواز اٹھی اور نہ آنسو بہے۔ شہنشاہ ہند کی حکومت جمنا کے کنارے تک رہ گئی۔"

مغل عہد ختم ہو رہا تھا اور برٹش سامراجیت دھیرے دھیرے اپنے پنجے پھیلا رہی تھی۔ کتنے افسوس کی بات ہے کہ مرزا صاحب جب جیل سے رہا ہو کر اپنی محبوبہ کے

یہاں آتے ہیں اور دروازہ کھٹکھٹاتے ہیں تو کوئی جواب نہیں آتا۔ اس وقت وہ ایک سادہ مگر دکھ بھرے جملے میں اس عہد کا پورا نقشا کھینچ دیتے ہیں، "ارے کہاں ہو دلی والو۔۔۔؟ دن دہاڑے ہی سو گئے؟" اس پر بھی کچھ لوگوں کو سوجھی کہ مرزا صاحب کی عشقیہ زندگی کیوں پیش کی گئی؟ جیسے وہ انسان نہیں تھے، ان کے دل نہیں تھا۔ وہ کتنے دل والے تھے، ان کے خطوط پڑھ کر پتا چلتا ہے۔

تاریخی فلموں کا ذکر محض تذکرہ ہے، کیونکہ حقیقت میں وہ کسی نہ کسی طرح سماجک پہلو لیے ہوئے ہیں۔ مگر اس کا کیا کیا جائے کہ اس کے ساتھ کسی نہ کسی مقصد کا اشارہ ہوتا ہے۔ مثال کے طور پر مہاراج رنجیت سنگھ کے بارے میں فلم بنانا آسان نہیں ہے۔ حقیقت سے متعلق دو مؤرخوں کی رائے آپس میں نہیں ملے گی۔ پھر وہ مقصد ان کی زندگی کے انفرادی پہلو کو فلم کے پردے پر نہیں لانے دے گا۔ آپ کو کئی اداروں سے کلیرنس حاصل کرنا ہوگا اور جب وہ حاصل ہوگا تو اسکرپٹ کی شکل بالکل بدل چکی ہوگی، جس میں آپ اپنا چہرہ پہچان ہی نہیں پائیں گے۔ کچھ اس قسم کی باتیں ہو جائیں گی۔۔۔ آپ بہت اچھے ہیں، میں بھی بہت اچھا ہوں۔ تندرستی ہزار نعمت ہے، وغیرہ وغیرہ اور اگر آپ ان کے شکوک کے خلاف جائیں گے تو مورچے لگیں گے، آپ کی زندگی خطرے میں پڑ جائے گی اور آپ گھر کے باہر نہیں نکل سکیں گے۔

آپ زیب النساء کے بارے میں فلم نہ ہی بنائیں تو اچھا ہے، کیونکہ وہ اورنگ زیب کی بیٹی تھی اور اس لیے سیزر کی بیوی کی طرح تمام شکوک اور شبہوں سے اوپر۔ عاقل خان گورنر ملتان سے ان کی محبت کو نہ صرف مشکوک سمجھا جائے گا، بلکہ اس کی صحت، میرا مطلب ہے، قصے کی صحت کو بیہودہ قرار دیا جائے گا۔ آپ دور کیوں جاتے ہیں، حال ہی میں ستیہ جیت رے نے، جنہیں دنیا ایک بڑے ڈائریکٹر کی حیثیت سے مانتی ہے، ایک

فلم بنائی جس میں ایک نرس دکھائی گئی جو اپنے گھر کے حالات سے مجبور ہو کر رات کو دھندا کرتی ہے۔ اب وہ ایک انفرادی بات تھی جس کا اجتماعی طور پر نرس پیشہ عورتوں سے کوئی تعلق نہیں تھا۔ پر اس پر بھی ہنگامہ برپا ہو گیا۔ نرسوں نے آندولن چلایا اور شری رائے کو ان سے معافی مانگنی پڑی۔ میں پوچھتا ہوں کیا یہ عجیب بات نہیں کہ ایک طرف لوگ مرزا غالب، اور 'سنسکار' جیسی فلموں کے خلاف مظاہرے کرتے ہیں اور دوسری طرف بھارت سرکار انہیں سال کی بہترین فلم قرار دیتی ہے۔ اس کے بنانے والے کو راشٹر پتی اپنے ہاتھوں سے سورن پدک اور مان پتر پیش کرتے ہیں۔

سماجک فلم اپنے یہاں بنانے میں اپنے یہاں دیش کے حالات بہت آڑے آتے ہیں۔ مختلف گروہ، قومیں اور مقصد تو ایک طرف، خود سرکار بھی اس گناہ سے بری نہیں۔ مثال کے طور پر سرکار کی پالیسی اہنسا ہے۔ لیکن اس کو کیا کیجیے گا کہ کئی ہنسا استعمال کرنے والوں کو ہم نے اپنا رہنما مانا ہے، ان کے سامنے سر جھکایا ہے اور اس کے سہرے گائے ہیں۔ میں شہید بھگت سنگھ کی مثال آپ کے سامنے رکھتا ہوں۔ شہید بھگت سنگھ اول اور آخر کرانتی کاری تھے، وہ من سے سوشلسٹ تھے اور ان کا نظریہ تھا کہ طاقت کے استعمال کے بنا برٹش سامراجیہ کا تختہ الٹنا ممکن نہیں ہے۔ اب آپ ان کے بارے میں فلم بنائیں تو ایک طرف ان کو ان کے ساتھی بھگوتی چرن ورما کی بیوی کو بار بار بھابی کہہ کر پوشیدہ سیکس کی طرف اشارہ کرنا پڑے گا اور دوسری طرف ان کے اسمبلی میں بم پھینکنے کے واقعے کو یا تو چھوڑ دینا ہو گا اور یا پھر اس کا بیان یوں کرنا ہو گا کہ وہ صرف سامراجیہ کو چونکانا چاہتے تھے۔

تبھی ایک اندرونی تضاد پیدا ہو جائے گا۔ کیا لاہور میں سپرنٹنڈنٹ پولس سانڈرس کی ہتیا بھی انہوں نے انگریزوں کو چونکانے کے لیے کی تھی؟ اگر آپ ان واقعات کو ایسے

ہی دکھائیں گے جیسے کہ وہ واقع ہوئے تو آپ حملوں کا نشانہ بنیں گے، کیونکہ ملک میں کئی ایسے گروہ ہیں جو گولی بندوق میں یقین رکھتے ہیں اور سرکار کی پالیسی ایسی ہے کہ وہ دھماکہ بھی برداشت نہیں کر سکتی۔ ورنہ ان کروڑوں نوجوانوں کا کیا ہوگا جو دن رات یونی ورسٹی کیمپس میں اودھم مچاتے رہتے ہیں۔

یہ تاریخ کو چڑانے والی بات ہوگی کہ ہم کہیں کہ ہندوستان کو آزادی صرف اہنسا کی پالیسی کی وجہ سے ملی۔ اس میں رائل نیوی کے ناوِکوں کا بھی ہاتھ تھا جنہوں نے گھٹیا قسم کے کھانے اور بدسلوکی کا بہانہ لے کر ہندستان کی آزادی کے لیے لڑائی لڑی، مخالفت کی اور ممبئی کی گلیوں میں انگریز کی گولیوں سے شہید ہوئے۔ جلیاں والا باغ کے بیسیوں سال کے بعد اُودھم سنگھ نے لندن پہنچ کر مائیکل اوڈائر کو گولی ماردی اور ہماری قومی بے عزتی کا بدلہ لیا۔ لیکن آپ اس سوشل اور تاریخی سچ کو مصیبت میں آئے بغیر نہیں دکھا سکتے۔ اس لیے کہ برطانیہ کے ساتھ ہمارے کامن ویلتھ تعلقات ہیں، جو موجودہ بین الاقوامی حالات کو دیکھتے ہوئے ہم کسی طرح نہیں بگاڑ سکتے۔ ہم حقیقت کی آنکھوں میں نہیں گھور سکتے۔

سوشل فلم بناتے وقت ہم ہر ہر قدم پر ایسے بیسیوں خطروں سے دوچار ہوتے ہیں۔ آپ قومی ایکتا پر فلم بنا رہے ہوں تو آپ میں ہمت نہیں ہوگی کہ رانچی، بھیونڈی اور مالیگاؤں کے واقعات کو ان کی صحیح صورت میں پیش کر سکیں، کیونکہ ان میں ایک مذہب یا قوم کے لوگوں نے دوسرے پر وحشیانہ ظلم ڈھائے تھے۔ آپ ہندو مسلم فساد دکھاتے ہیں تو آپ کے لیے ضروری ہے کہ جہاں دو ہندو مرے ہوں وہاں دو مسلمان مار کے دکھائیں۔ اس پر بھی نہ ہندوؤں کی تسلی ہوگی نہ مسلمانوں کی۔ دونوں آپ سے ناخوش، دونوں ناراض اور اس پر آپ کو سینسر سرٹیفکیٹ لینے میں تکلیف ہوگی۔

تو یہ آپ طلبہ کے موجودہ ایجی ٹیشن کو بھی نہیں ٹٹول سکتے۔ ان کے دنگوں اور

مخالفت تک پہنچنے کی کوشش نہیں کر سکتے۔ یونی ورسٹی کیمپس میں آج جو ہو رہا ہے، آخر ہے کیا؟ وہ اپنا اصل مقصد چھوڑ کر سنیاسی ہوتے جا رہے ہیں یا وہ مختلف سیاسی پارٹیوں کے ہتھکنڈوں کا شکار ہیں؟ آخر اس مار دھاڑ کی وجہ کیا ہے؟ یہ بھی تو گاندھی جی کو مانتے ہیں۔ پھر کیوں یہ لوگ ایکا ایکی امڑ کر مار کاٹ کرنے لگتے ہیں؟ ان باتوں کی تہہ میں جانا اور ان کے بارے میں فلم بنانا مشکل ہی نہیں، ناممکن ہے۔ ایسا کریں گے تو کئی ہزاروں کے پانو پر آپ کے پانو پڑیں گے اور وہ سب ہیں بڑی پہنچ والے۔ اس لیے آپ صرف گول گول دال والی بات کیجیے۔ پانچ چھے گانے ڈال دیجیے، دو چار ناچ، ماں باپ، بیٹے بیٹوں کو بچپن ہی سے بچھڑا دیجیے تاکہ بڑا بھائی جوان ہو کر پولیس انسپکٹر ہو جائے۔ انجانے ہی میں اپنے چھوٹے بھائی کو ملزم کے طور پر عدالت میں پیش کرے اور یہ بعد میں پتا چلے کہ جج ان دونوں کا باپ تھا اور ماں جو بیٹے کے خلاف گواہی دے رہی ہے، اس کی بیوی تھی۔ پھر تو باپ کے لیے مشکل ہو جائے، ماں کے لیے مصیبت۔

نوجوانوں کے بارے میں فلم بنائیے تو صرف یہیں تک پہنچیے کہ بڑوں کا عشق، عشق تھا اور چھوٹوں کی محبت بدنامی اور بدکاری۔ اُسے 'اُچت' مت لکھیے کہ شری مدبھاگوت سے لے کر اب تک استری اور پرشوں کے بیچ کیا کیا گردانیں ہوئیں۔ صرف اتنا ہی کافی ہے کہ چند مصیبتوں میں پڑے بڑوں کے پاس کوئی وقت نہیں ہے۔ وہ انہیں سیاسی اور رہنما نہیں سمجھتے اور اگر سمجھتے ہیں تو اپنے ہی الٹے معنی پہناتے ہیں۔

اب آپ اس بدنام لفظ 'سیکس' پر آ جائیے۔ ہمارا سماج یہ تو سہن کر سکتا ہے کہ لڑکا اور لڑکی ناچتے ہوئے ایک پیڑ کے گرد یا موٹر میں بیسیوں چھچھوری اور اخلاق سے گری ہوئی حرکتیں کریں، لیکن باغ میں جو پیار کرنے والے کا اپنی محبوبہ کو پہلا اپہار ہے، وہ اسے برداشت نہیں کر سکتے۔ ہم اپنی فلموں میں دو، تین، چار ریلیں صرف یہ ثابت کرنے کے

لیے لیتے ہیں کہ راجو کو رادھا سے محبت تھی۔ لیکن نفسیاتی بات جو چند سیکنڈ میں ثابت ہو سکتی ہے، پورا معاشرہ اس کے خلاف ہے، ہمارا سماج اس بات کی اجازت نہیں دیتا۔ کھجوراہو، کونارک کے وارث یہ بات کہتے ہیں اور بار بار کہتے ہیں۔۔۔ اصل مقصد تو یہ تھا کہ اِس عمل کو ڈھکے چھپے ڈھنگ سے پیش کیا جائے اور فلم جو کسی حد تک آرٹ بھی ہے، کمرشیل اور پیشہ وروں کے ہاتھوں سے نکلتی جائے۔

لیکن عام طور پر ایسا ہوتا ہے کہ چند مناظر کو فلمانے کی اجازت اچھے اور بڑے فلم سازوں کو یکساں نہیں ہے۔ یوں سنسر نے اپنے لیے گنجایش رکھی ہے کہ ہر فلم اور اس میں ہونے والے واقعات کو بنانے والے کی نیت اور واقعے کی نوعیت میں دیکھا جائے گا۔ لیکن حقیقت میں ایسا نہیں ہوتا۔ ایک لمحے کے لیے مان بھی لیا جائے کہ سنسر کے چودھری بڑے دل والے ہیں، مگر ان کا کیا کیجیے گا جو پبلک کی سطح پر تصویر کو پاس کرنے کے سلسلے میں پہلے دیکھتے ہیں اور جن کا ادبی ذوق قابل غور ہے اور جو بار بار اس بات کا دعوا کرتے ہیں، "میں فلم نہیں لکھتا، نہ دیکھتا ہوں۔"

مثال کے طور پر میں ایک فلم بناتا ہوں جس کا بنیادی خیال ہے کہ بالغ ہوتے ہوئے بچے کو جنسی تعلیم دینی چاہیے اور اسے ان تمام خطروں سے آگاہ کرنا چاہیے جو پیدا ہو سکتے ہیں۔ اب صاف ہے کہ اگر میں لڑکے اور لڑکی کے سلسلے میں کوئی لغزش نہیں دکھاؤں گا تو ڈراما پیدا نہیں ہوگا اور دکھاؤں گا تو اس کا حل مجھے وہی پیش کرنا پڑے گا جو مقبول ہے اور وہ نہیں جو نفسیاتی ہے۔

حال ہی کی بات ہے، میں ایک فلم بنا رہا تھا، جو نفسیاتی تھی۔ ہوتا یہ ہے کہ ایک عورت کا شوہر کسی اور لڑکی کی وجہ سے گھر چھوڑ کر بھاگ جاتا ہے۔ اس کے جانے کے بعد اس عورت کے ایک بچی پیدا ہوتی ہے۔ جوان ہو کر وہ شادی کرتی ہے، پر ماں بیٹی کے

ساتھ یوں چپک جاتی ہے کہ داماد کے لیے سانس لینا مشکل ہو جاتا ہے۔ ایک دن ایسا آتا ہے کہ وہ اپنی بیٹی اور داماد کو ایک دوسرے کے بازوؤں میں دیکھ لیتی ہے اور ایک لمحے کے لیے اپنے آپ کو اپنی بیٹی کی جگہ پر وجیکٹ کر دیتی ہے۔

انسان اپنے دماغ میں کئی بار ایسی ایسی باتیں سوچ لیتا ہے جو ساماجک اور اخلاقی نظریے سے قبول نہیں، لیکن یہ حقیقت ہے کہ وہ سمجھ لیتا ہے، چاہے اس کے بعد وہ اپنے آپ کو بہت بڑا پاپی اور گناہ گار سمجھے۔ اس لیے ایسا ہی ہوتا ہے، ساس ایک لمحے کے لیے رک تو جاتی ہے، پر فوراً ہی چونک کر پیچھے ہٹ جاتی ہے اور احساس گناہ سے اوت پروت مندر میں جاکر بھجن گانے لگتی ہے،

'مورے تو گردھر گوپال دوجا نہیں کوئے۔'

اس سین کو فلمایا تھا کہ میری ہیروئن نے اس پر اعتراض کیا، "یہ کیسے ہو سکتا ہے؟" میں نے کہا، "ہوتا ہے میڈم۔ اور پھر جب میں یہ دکھلاتا ہوں کہ وہ ایک گنہگار ہونے کے جذبے سے شرمندہ ہو کر سیٹ سے چلی جاتی ہے تو پھر آپ کو کیا اعتراض ہے؟" میڈم نے وہ سین کر تو دیا، پر سوچتی رہی کہ اس پر پبلک سے جوتے پڑیں گے۔ میں نے اس پر بھی کہا کہ جوتے جو پڑیں گے، آپ مجھے بھیج دیجیے، میرے اپنے جوتے پرانے ہو گئے بلکہ پھٹ چکے ہیں۔

سوشل فلم بنانے والے کی حیثیت اس عورت کی طرح ہے جو غرارہ پہنے ہوئے کسی پارٹی میں گئی اور جب لوٹی تو برسات ہو چکی تھی اور گھر کے سامنے پانی ہی پانی تھا۔ اس کے مرد نے سر والٹر ریلے کی طرح راستے میں اینٹیں اور سلیں رکھ دیں اور وہ غرارے کو سنبھالتی ہوئی چلی۔ لیکن اسے کیا معلوم تھا کہ ایک اینٹ ٹیڑھی رکھی ہوئی ہے۔ وہ دھپ سے پانی میں گری۔۔۔ غرارے سمیت! ساودھانی اُسے لے ڈوبی۔

نابابا۔ سماجک فلم بنانے میں بڑی جوکھم ہے۔ چاروں طرف سے آپ ننگے ہیں۔ یہی نہیں بلکہ بدن پر کھال بھی نہیں اور نمک کی کان سے گزرنا پڑ رہا ہے۔ فلمیں ساماجک اور دوسری کن حالات میں بنتی ہیں، اس کا آپ کو اندازہ نہیں۔ نام کی ہمیں پوری آزادی ہے مگر اس کے بعد جو مراحل پیش آتے ہیں، اس عالم میں مجاز کا شعر یاد آجاتا ہے،

حدیں وہ کھینچ رکھی ہیں حرم کے پاسبانوں نے
کہ بن مجرم بنے پیغام بھی پہنچا نہیں سکتا

(۳) چلتے پھرتے چہرے

اس وقت میں صرف ایک ہی چہرے کی بات کر رہا ہوں جو بہت "چلتا پھرتا ہے۔۔۔" اور وہ چہرہ آج کل کے عام نوجوانوں کا ہے۔۔۔ چنانچہ میرے بیٹے کا بھی۔ اپنے بیٹے کا چہرہ دکھانے کی کوشش میں، اگر کہیں بیچ میں آپ کو میرا چہرہ بھی دکھائی دینے لگے تو برامت مانیے گا۔ کیوں کہ میں آخر اسی کا باپ ہوں، اپنے بیٹے پر ہی گیا ہوں۔ چنانچہ جو کچھ بھی آپ کو میرے بیٹے کے خلاف لکھا ہوا معلوم ہو گا، وہ دراصل میرے اپنے ہی خلاف ہو گا۔ کیونکہ اسے اس دنیا میں لانے کے علاوہ اس کی جسمانی اور ذہنی تربیت کا ذمہ دار میں ہوں۔ البتہ جو اس کے حق میں کہوں گا، وہ میرے بیٹے کی اپنی لیاقت ہو گی، جس میں میرا رتی بھر بھی قصور نہیں۔

میرے بیٹے کا قد لمبا ہے اور رنگ کسی قدر کھلتا ہوا، حالانکہ میرا قد چھوٹا ہے، اور رنگ بھی پکا۔ اس کی وجہ غالباً میری بیوی ہے جس کے میکے میں سب لوگ لمبے قد کے ہیں اور رنگ کے گورے۔ میاں بیوی کے ملاپ سے جو نتیجہ نکلتا ہے اس سے کھٹکا ہی لگا رہتا ہے۔ نہ معلوم کیا چیز نکل آئے؟ مثلاً ایکٹرس ہیلن ٹیری نے جارج برنارڈ شا کو لکھا تھا، "ہم دونوں کا ملاپ ہو جائے تو اولاد کتنی اچھی ہو؟" جس پر برنارڈ شا نے جواب دیا تھا، "مادام بدقسمتی سے اگر بچہ کو شکل میری مل گئی اور عقل آپ کی تو۔۔۔؟" شا کو تو آپ جانتے ہی ہیں۔ اس لیے اگر آپ کو ان کا یہ لطیفہ پتا ہوا معلوم ہو تو اندازہ کیجیے۔ اگر بچے کو شکل ہیلن کی اور عقل شا کی مل جاتی تو؟

میرا بیٹا بہت دبلا ہے۔ مجھے یہی کھٹکا لگا رہتا ہے کہ وہ کسی جیٹ ہوائی جہاز کے بہت ہی قریب نہ چلا جائے یا کوئی میرے بیٹے کے بہت ہی قریب منہ کر کے پھونک نہ مار دے۔ اس کے مہین سے چہرے پر موٹی سی ناک رکھی ہے جو اس بات کے انتظار میں رہتی ہے کہ چہرے کے باقی خدوخال بھی بھر جائیں تاکہ وہ خود معقول معلوم ہو اور بات بات پر اسے لال نہ ہونا پڑے۔ اس وقت میرے بیٹے کے ناک کے نتھنے یونان سے ہندوستان تک بھاگ کر آئے ہوئے سکندر کے گھوڑے بوس قیلس کے نتھنوں کی طرح کھلتے بند ہوتے ہیں۔ یا اس وقت کام میں آتے ہیں جب انہیں اپنے مالک کی انا یا وہم کو جتانا ہو، ورنہ وہ تو مہینے میں تین چار بار صرف زکام کی وجہ سے بند رہتے ہیں۔

اس کے زکام کی ایک وجہ یہ بھی ہے کہ جوانی میں مجھے بھی اکثر زکام ہوا کرتا تھا۔ لیکن میں نے ورزش کر کے، وقت پر سو کر اور وقت پر جاگ کر اسے ٹھیک کر لیا تھا۔ لیکن میرا بیٹا اس زکام کو بالکل انقلابی طریقے سے ٹھیک کرتا ہے۔ وہ رات ایک ڈیڑھ بجے تک میکس یا نیویارک کا ہفتہ وار انگریزی رسالہ "ٹائم" پڑھتا رہتا ہے، جس پر اس کا دنیا بھر کے علم کا مدار ہے اور پھر صبح سب سے آخر میں اٹھتا ہے، جب کہ اس کے بہن بھائی اسکول وغیرہ جا چکے ہوتے ہیں۔ ماں گھر کا سب کام کر چکی ہوتی ہے اور میرا ایک پیر گھر کے اندر ہوتا ہے اور ایک باہر۔ تب وہ نیند کا ماتا میرے پاس آتا ہے اور مجھے یوں دیکھتا ہے جیسے میں کوئی اجنبی ہوں۔ اسے دیکھتے ہی پہلے میں سلام کرتا ہوں۔ میں اس بات سے ڈرتا ہوں کہ اگر ایک بار میں نے اس کو سلام کے سلسلے میں آنا کانی کر دی تو وہ مجھے کبھی سلام نہیں کرے گا۔ اس کا کچھ نہیں جائے گا۔ میرا سارا دن کڑھتے رہنے کی وجہ سے برباد ہو جائے گا اور آپ جانتے ہیں کہ دنوں کے تسلسل ہی کو زندگی کہتے ہیں۔

میرے بیٹے کے ہونٹ پتلے ہیں اور ٹھوڑی مضبوط جو ایک پکے ارادے کا ثبوت ہے

اور جسے وہ اکثر اپنے ماں باپ اور بہن بھائیوں پر استعمال کرتا ہے۔ آنکھیں چھوٹی ہیں جن سے پاس کا تو سب کچھ دکھائی دیتا ہے اور دور کا اتنا بھی نہیں جتنا کوئی صحت مند آدمی، مٹی کا ڈھیلا پھینک سکے۔ اس لیے میرا بیٹا آج کل کے نئے علم کا چشمہ پہنتا ہے۔ اس کی آنکھوں پر کی بھویں گھنی ہیں جو خلوص کی نشانی ہوتی ہیں۔ یہ بات نہیں کہ میرے بیٹے میں خلوص نہیں۔ اس میں خلوص ہے، بہت ہے لیکن اس کے باوجود وہ کسی آدمی سے دھوکا نہیں کھاتا اور یہ آج تک میری سمجھ میں نہیں آیا کہ آدمی کا دل صاف ہو اور اس میں خلوص ہو، پھر بھی وہ دھوکا نہ کھائے؟

میرے بیٹے کا ماتھا چھوٹا ہے، کہتے ہیں ایسی تنگ پیشانی کے لوگ زیادہ بھاگیہ وان نہیں ہوتے۔ جس کا ایک ثبوت تو یہ ہے کہ وہ راک فیلر کے گھر میں پیدا ہونے کی بجائے ہمارے گھر میں پیدا ہو گیا۔ لیکن جب میں دیکھتا ہوں کہ اس کی ماں کام کر کر کے مری جا رہی ہے، میں مر مر کے کام کرتا جا رہا ہوں اور وہ مزے سے لیٹا ہوا ہے تو مجھے بزرگوں کی کسی بات پر یقین نہیں رہتا۔ وہ فطرتاً بے صبر واقع ہوا ہے۔ اگر وہ کسی کی بات بیچ میں نہ کاٹے تو اپنے چہرے پر کے رگ وریشوں کی خفیف سی جنبش سے دوسرے کو اس بات کا یقین دلا دیتا ہے کہ آپ کی بات تو میں آپ کے کہنے سے پہلے ہی سمجھ گیا تھا۔ اس پر بھی آپ کہتے رہنا چاہتے ہیں تو بڑی خوشی سے۔ اور یہ اس کی اسی ناطق خاموشی کی وجہ ہے کہ اسے اپنے باپ کو کبھی بیوقوف کہنے کی ضرورت نہیں پڑی۔

غالباً یہ اس کی بے صبری نہیں، آج کل کی دنیا تیز رفتار ہے جس سے میرا بیٹا مطابقت رکھتا ہے اور میں نہیں رکھتا۔ وہ کار بھی چلائے گا تو چالیس پچاس میل کی اسپیڈ پر اور میں بیس پچیس پر ٹر ک ٹوں رہوں گا۔ اس نے کئی ایک ایکسیڈنٹ بھی کیے، جن میں سے دو تو بہت قیمتی تھے۔ ایک کوئی اٹھارہ سو روپے کا تھا اور دوسرا کوئی بارہ ساڑھے بارہ سو

کا۔ اور اس پر بھی مجھے ڈر تھا کہ وہ مجھے اس بات پر شرمندہ نہ کرے کہ میں اسے شرمندہ کرنے کی کوشش کر رہا ہوں۔

ایک دن میں اور میرا بیٹا کار میں بیٹھے ہوئے جا رہے تھے۔ میں حسب معمول سلو اسپیڈ میں تھا۔ اچانک پیچھے سے کوئی بچہ بھاگ کر آیا۔ اسے کار کا دھکا لگا تو فٹ پاتھ پر جا گرا۔ خیر یہ ہوئی کہ اس کی جان بچ گئی اور ساتھ ہی ہماری بھی۔ ہسپتال سے اسے مرہم پٹی کروانے کے بعد ہم گھر کے لیے روانہ ہوئے تو میں نے اپنے بیٹے سے کہا، "دیکھا۔۔۔ میں تمہاری اسپیڈ پر ہوتا تو بچہ مر گیا ہوتا۔"

"آپ میری اسپیڈ پر ہوتے۔۔۔" میرے بیٹے نے کہا، "تو بچے کے آنے سے بہت پہلے نکل گئے ہوتے۔"

یہ شاید خلیل جبران نے کہا ہے کہ آپ اپنے بچے کو اپنا جسم اور ذہن دے سکتے ہیں، اپنے خیالات نہیں دے سکتے۔ ایک تو یہ کہ لکھنے والوں نے بڑی گڑبڑ کی ہے۔ وہ الفاظ میں حقیقت کا ایک ایک لمحہ جکڑ لیتے ہیں۔ اس وقت آدمی یہ نہیں سوچتا کہ دنیا کی ہر چیز ایک اضافی حیثیت رکھتی ہے اور کوئی حقیقت مطلق نہیں۔ حقیقت ایک مقامی حیثیت رکھتی ہے اور کاہل پسند، کند ذہن اس وقت پڑھنا اور سوچنا بند کر دیتا ہے اور اس محدود حقیقت کو دنیا بھر پر پھیلاتا رہتا ہے۔ کوئی خلیل جبران سے پوچھے، "کیوں بھئی۔۔۔ ہم انہیں اپنے خیالات کیوں نہیں دے سکتے؟"

پھر کیوں ہمیں کہا جاتا ہے کہ میاں بیوی کو بچوں کے سامنے لڑنا جھگڑنا نہیں چاہیے۔ حالانکہ یہی فطری جھگڑا ہے جسے دیکھ کر بچے کو سمجھنا چاہیے کہ زندگی صرف قلاقند ہی نہیں کونین کی گولی بھی ہے۔ اور اس آدمی کا آپ کیا کریں گے، جس نے کبھی کبھی بچے کو ماں باپ کا ننگا بدن دکھانے کی سفارش کی ہے۔ یہ خارجی زندگی ہے جو بچے کے خیالات کی

رہنمائی کرتی ہے اور آخر اس کی "پریرنا" کا حصہ ہو جاتی ہے۔ آج کل کے بچے کانوں اور آنکھوں کے ذریعے سے ہزاروں آوازوں اور تصورات کو اپنے دل میں اتار لیتے ہیں اور کچھ اس انداز سے کہ نہ آپ جان سکتے ہیں اور نہ میں جان سکتا ہوں۔

آج کا بچہ اس بات کو قبول نہیں کرتا کہ اسے کوئی جنم دے گیا تھا یا وہ برسات کے پہلے قطرے کے ساتھ اس دھرتی پہ ٹپکا تھا۔ وہ اپنے بڑوں سے اپنی اور ان کی پیدائش کے بارے میں سوال پوچھتا ہے اور رسمی جواب حاصل کر کے چپکے سے قلم اٹھاتا ہے اور اپنے جوابی مضمون میں لکھتا ہے۔۔۔ یوں معلوم ہوتا ہے کہ ہمارے پورے خاندان میں چار پشت سے کوئی بھی قدرتی طریقے سے پیدا نہیں ہوا۔

دراصل کرشی وِیاس سے لے کر وشنو پربھاکر تک سب لکھنے والوں نے گڑبڑ کی ہے۔ وہ اس زمانے سے اتنا ہی پیچھے ہیں، جتنا زمانہ ان سے آگے ہے۔ چلیے وقت کے اعتبار سے ہی سہی، مانیے ہم نے سب کچھ پایا ہی نہیں، کھویا بھی بہت کچھ ہے۔ لیکن اس کھونے میں جو کچھ ہم نے پایا ہے، اسے کالی داس، بھوبھوتی اور شیکسپیئر آج نہ پا سکیں گے۔ میں آپ سے درخواست کروں گا کہ مجھے اتنا تاؤ نہ دیجیے کہ میں اِن بڑے لوگوں کو آج کے نقطۂ نظر سے دیکھوں، میں کس قدر بے بضاعت ہوں، ان مہان ہستیوں کے مقابلے میں۔ لیکن آج کے نوجوان کو میرا یہی مشورہ ہے کہ مجھے پڑھیں اور پھینک دیں اور واقعی کسی نامحسوس دلیل کی بنا پر مکمل طور پر رد کر دیں اور میں یہ محسوس کروں۔ میرا بیٹا بھی ٹھیک ہے اور میں بھی غلط ہوں!

میرا بیٹا میری اتھارٹی کو نہیں مانتا، کسی کی اتھارٹی کو بھی نہیں مانتا۔ میں روتا ہوں۔ میرے بڑوں اور پیش روؤں کی روحیں کسی آسمان میں کلبلاتی ہیں اور وہ میرے ساتھ مل کر اس بات کو بھی بھول جاتے ہیں کہ وہ بھی اپنے زمانے میں انقلابی تھے اور انہوں نے

اتھارٹی کے خلاف جہاد کیا تھا اور اس کی وجہ سے کڑی مصیبتیں اٹھائی تھیں۔ کیونکہ ان کے زمانے میں بھی ہماری ہی طرح کے ماں باپ تھے۔ حاکم تھے۔ مذہبی پیشوا تھے۔ انہوں نے بھی وقت کو تھامنے کی کوشش کی تھی اور نئے اخلاق کو دیکھ کر سر پیٹ لیا تھا!

آپ اندازہ تو کیجیے کہ میرے بیٹے کو کن چیزوں سے نبٹنا پڑتا ہے، زندگی کی رفتار سے، قدم قدم پر ایک کڑے مقابلے سے، مادی اور روحانی قدروں کی کشاکش سے، پرانے اور نئے کے جھگڑوں سے۔۔۔ میں نے اگر بہت پڑھا بھی ہے تو میرا ذہن جاگیردارانہ ہے لیکن میرے بیٹے کا نہیں۔ میں ایک خاص قسم کا ادب اور متابعت اس سے مانگتا ہوں جو وہ مجھے نہیں دے سکتا اور دینا بھی نہیں چاہتا۔ میں جب اس کی طرف دیکھتے ہوئے جھلا کر کہتا ہوں۔۔۔ تم آج کل کے نوجوانوں کو کیا ہو گیا ہے، تو میں یہ بھول جاتا ہوں کہ یہی فقرہ مجھے بھی میرے ماں باپ نے کہا تھا۔ ہمارے بڑوں کے زمانے میں سرطان (کینسر) صرف ایک پھوڑا تھا جس پر کوئی مرہم لگایا جاتا تھا اور مصفیٰ خون کی بوتل پینی پڑتی تھی۔ ان کے زمانے میں دباؤ اتنے نہ تھے کہ انسانی شخصیت ایک ٹوٹے ہوئے آئینے کی طرح نظر آئے۔۔۔

جب "سکزوفیرنا" کا لفظ ایجاد نہ ہوا تھا۔ خواب آور گولیاں استعمال نہ ہوتی تھیں اور نہ لوگوں کو ایل۔ ایس۔ ڈی چوبیس یا اس کھمب کا پتا تھا جس کا رس پی کر۔۔۔ انسان کو اپنا ہی لطیف جسم گہرائیوں میں اترتا اور بلندیوں پر پرواز کرتا دکھائی دیتا ہے اور جن بے حد حسین سبزہ زاروں میں وہ جاتا ہے، وہ انسان کے اپنے دماغ اور اس کے شعور کی تہیں ہیں جن میں سیلاکانٹ مچھلی سے لے کر آئنسٹائن تک کے سب مجربات چھپے پڑے ہیں اور جہاں تک پہنچنے کے لیے ہمارے رشی منیوں نے ہزاروں سال تپسیا کی۔

یہ کہ میں اپنے بیٹے کے بارے میں زیادہ نہیں جانتا، ایک حقیقت ہے۔ اگر آپ

سمجھیں کہ یونہی میں نے اپنے آپ کو صفر کرنے کی کوشش کی ہے تو مجھ پر بڑا ظلم ہو گا۔ اگر میں جانتا بھی ہوں کہ سوئز کی نہر فرانسیسی انجینئر ڈی لیلپس نے بنائی تھی تو بھی میں اپنے بیٹے کے سوالوں کا جواب کچھ اس انداز سے دوں گا جس سے اس کی تسلی نہ ہو گی اور میں اس بات کو چھپانے کی کوشش کروں گا۔ میں بھی سب باپوں کی طرح جاہل ہوں اور میرا زمانہ لد گیا ہے۔ میری حیثیت اس وقت اس "ڈیڈی" کی طرح ہو گی جس کے بیٹے نے پوچھا، "ڈیڈی! یہ مصر کے مینار کیوں بنائے گئے ہیں؟"

"خدا معلوم۔ بس بنا دیے، اگلے وقتوں میں بہت زیادہ وقت تھا لوگوں کے پاس!"

"زراف کی گردن اتنی لمبی کیوں ہے ڈیڈی؟"

"بھائی کسی جانور کی لمبی ہوتی ہے اور کسی کی چھوٹی۔"

"ڈیڈی! بچہ صرف عورت ہی کو کیوں پیدا ہوتا ہے؟"

"کیسی باتیں کرتے ہو۔ اگر مرد کا بچہ پیدا ہونے لگے تو پھر وہ عورت نہ ہو جائے!"

"ڈیڈی! اگر آپ میرے سوالوں سے خفا ہوتے ہیں تو میں نہ پوچھوں۔"

"نہیں نہیں پوچھو بیٹا، سوال نہیں پوچھو گے تو علم کیسے ہو گا؟"

میرا بیٹا رات کو کیا سوچتا رہتا ہے؟ کیوں رات دیر تک اسے نیند نہیں آتی؟ کیا صرف روغن بادام یا خواب آور گولیاں ہی اس کا علاج ہیں؟ کیا اسے سیکس ستاتا ہے؟ کیونکہ اس کی عمر ستائیس سال کی ہو چکی ہے اور اس کے چند مطالبے جائز ہیں۔ پھر اس نے شادی سے کیوں انکار کر دیا۔ کیا صرف اس لیے کہ جب تک وہ اس دنیا کی تگ و دو میں اپنا مقام نہ بنائے گا، کسی لڑکی کی زندگی تباہ نہ کرے گا؟ کیوں ہمارے زمانے میں لوگ اس عقیدے پر شادی کر لیا کرتے تھے کہ عورت لکشمی ہوتی ہے؟ اس کے آنے سے قسمت کے دروازے اپنے آپ کھل جاتے ہیں۔ اکثر وہ نہیں کھلتے تھے، صرف چند تاریک

مستقبل والے بچے اس دنیا میں چلے آتے۔

میرے بیٹے کے خیالات کیا ہیں؟ میں ان تک پہنچنے کی کوشش تو کروں۔ اس کی روح میں اتر کر دیکھوں کہ وہ کیوں اتنا خود غرض ہو گیا ہے؟ کیوں وہ دوسرے کسی کے باپ کے پیر بھی چھوتا ہے لیکن صبح اٹھ کر اپنے باپ کی طرف دیکھتا بھی نہیں۔ کیا صرف اس لیے کہ دوسرے کا باپ امیر کبیر ہے اور اس نے اپنے بیٹوں کو دولت اور شہرت کے ساتویں آسمان تک پہنچا دیا ہے۔ حالانکہ میرے بیٹے کے باپ نے چند کالے صفحوں کے علاوہ اسے کچھ نہیں دیا۔ کیا یہ کہہ دینا کافی ہے کہ آج کل کے دوسرے نوجوانوں کی طرح میرا بیٹا بھی راتوں رات لکھ پتی ہو جانا چاہتا ہے اور نہیں جانتا کہ پیسا کمانے کے لیے محنت کرنی پڑتی ہے۔ ایک رڈے پر دوسرا رڈا رکھنا پڑتا ہے؟ جیسے وہ مذہب اور دوسری رسوم و روایات کا قائل نہیں، وہ گردوپیش کی دنیا کو دیکھ کر اس قسم کی محنت کا بھی قائل نہیں، ایسے نظام کا بھی قائل نہیں جس میں کچھ لوگ مرتے رہتے ہیں اور کچھ عیش کرتے ہیں اور کھلے بندوں کہتے ہیں۔۔۔ بزنس میں تو سب کچھ کرنا پڑتا ہے۔

میں سمجھتا ہوں، میرا بیٹا میرا نام استعمال کرتا ہے اور اس میں کوئی شرم نہیں سمجھتا۔ ایک دن مجھے پتا چلا کہ وہ میرا بیٹا ہونے کی وجہ سے مجبور اور شرم سار ہے۔ میری وجہ سے وہ کسی سے دس روپے بھی نہیں مانگ سکتا۔ میں نے ہنسی کی آڑ میں اپنے آپ کو بچانے کے لیے کہا، "بیٹا تو پھر تم سو مانگا کرو۔" اور مجھے پتا چلا کہ وہ میری زندگی میں سے جذباتیت اور مثالیت کو یکسر نکال دینا چاہتا ہے اور اس کی خواہش ہے کہ اس کے باپ کی اتنی حیثیت تو ہو جائے کہ وہ کسی سے لاکھ دو لاکھ مانگ سکے جس سے وہ ایک فلم بنائے اور اس سے کئی لاکھ کمائے۔

اس قسم کی مادّہ پرستی، خود غرضی، سگریٹ، شراب، عورت کی وجہ سے باپ اپنے

بیٹوں کو اپنی زمین جایداد سے بر طرف کر دیا کرتے تھے۔ لیکن مادی معنوں میں میرے پاس ہے ہی کیا، جس سے بیٹے کو بر طرف کر دوں؟ اگر وہ کسی بات سے ناراض ہو کر چلا جائے تو پھر میں ہی اسے ڈھونڈتا پھروں گا اور اگر میں کہیں چلا جاؤں تو وہ مجھے نہیں ڈھونڈے گا۔ اس لیے میں سخت وحشت کے لمحوں میں بھی چپکے سے گھر چلا آتا ہوں کیونکہ میں چاہتا ہوں میرا بیٹا کہیں چلا نہ جائے۔ میں اسے بر طرف کرنے کی نہیں سوچتا۔ اس بات سے ڈرتا ہوں کہ وہ مجھے انسانی اصول کے کلبلاتے ہوئے درخشاں مستقبل سے بر طرف نہ کر دے۔

(۴) مہمان

میں شروع ہی میں مانے لیتا ہوں کہ مجھے مہمانوں سے نفرت ہے، سخت نفرت ہے! اگرچہ میں اتنا پڑھا لکھا نہیں لیکن یہ بات ضرور جانتا ہوں کہ ہماری سبھیتا میں مہمان کا بہت بڑا درجہ ہے۔ یہ تو مہمان کی اپنی بدکرداریوں اور اس کے نام میں لگی ہوئی فالتو سی 'م' نے گڑبڑ کر دی، ورنہ وہ تھا ہی مہان۔۔۔ آپ ذرا اسے لکھ کر تو دیکھیے۔

اتھتی سنسکار کا ہماری پستکوں میں بڑا مہتو ہے۔ جگہ جگہ اس بات کی پریرنا کی گئی ہے کہ مہمان کیسا بھی ہو، اسے بھگوان کر کے مانا جائے۔ اس زمانے میں شاید خیالات کی زیادتی تھی یا سوچ بچار کی کمی کہ ان درشن شاستروں کے لکھنے والے گھوم گھام کر پھر شبد مہان پہ چلے آتے تھے۔ غالباً وہ سب اس لیے کرتے تھے کہ خود ان کے پاس پہننے کو لنگوٹی تھی اور نہ کھانے کو روٹی اور وہ جانتے تھے کہ ایک نہ ایک دن ان کو کسی کا مہمان ہونا ہی پڑے گا۔ اگر یہ بات ٹھیک ہے کہ مہمان کا درجہ بھگوان کا ہے تو میں بڑی نمرتا سے آپ کے سامنے ہاتھ جوڑ کر کہوں گا کہ مجھے بھگوان سے بھی نفرت ہے!

جس زمانے میں ہمارے شاستر لکھے گئے تھے، اس زمانے میں جگہ کی کیا کمی تھی؟ سوائے وشالتا کے اور تھا ہی کیا؟ نیچے زمین، اوپر آسمان اور بیچ میں مہمان، چاہے درجنوں لٹک جائیں۔ آج کس کے پاس ۱۰ x ۱۰ فٹ سے بڑا کمرہ ہے؟ شامت اعمال اگر مہمان چھ فٹ کا آ جائے تو آپ کو ٹانگیں سکیڑ کر انہیں چھاتی سے لگا کر باقی کے چار فٹ میں گزارا کرنا پڑے گا۔ حالانکہ مرنے کے لیے بھی آدمی کو کم سے کم چھ فٹ جگہ چاہیے۔۔۔ جس

میں کہ مہمان پڑا ہوتا ہے۔ صبح اٹھیں گے تو آپ کی ٹانگیں چھاتی کے ساتھ ہی لگی رہ جائیں گی اور جب انہیں پھیلانے کی کوشش کریں گے تو یوں لگے گا جیسے آپ پھر سے پیدا ہونے کی کوشش کر رہے ہیں۔

اگلے وقتوں میں ہمارا پورا فلسفہ مہمان کی مدد کرنے پر تلا ہوا تھا۔ جب لوگ جنگل میں جا کر کند مول وغیرہ کھا لیتے تھے اور اسی میں سنتشٹ ہو جاتے تھے لیکن آج کا دُشٹ مہمان چکن روسٹ سے کم بات ہی نہیں کرتا۔ کچھ اس انداز سے چکنی چپڑی باتیں کرتا ہے کہ آپ اپنے آپ کو کوالٹی ریستوران میں بیٹھے ہوئے پاتے ہیں۔ آخر دم تک یہی معلوم ہوتا ہے کہ بل وہ دینے والے ہیں۔۔۔ یہ مسئلہ آپ کا ہے، مہمان کا نہیں کہ دیش بھر میں کھانے کو نہیں۔ راشننگ کی تلوار سر پر لٹک رہی ہے۔ بیوی کی شکل دکان پہ کھڑے کھڑے کیوسی ہو گئی ہے۔ پھر پرانے زمانے میں انسان زیادہ تھے اور مہمان کہیں اکا دکا ملتا تھا۔ لیکن آج مال تھوسی کے عقیدے کے مطابق، اس بھوکی ننگی دنیا میں مہمان ہی مہمان رہ گئے، انسان کہاں نظر آتا ہے؟

اس زمانے کے مہمانوں میں پھر کوئی آنکھ کی شرم تھی، حیا تھی، دوسرے کی تکلیف کا احساس تھا۔ لیکن آج کل کے مہمان؟ ارے توبہ۔ آپ تو انہیں مجھ سے بہتر جانتے ہیں، کیونکہ ہندوستان میں کوئی ایسا آدمی نہیں جسے اس موذی سے پالا نہ پڑا ہو۔ وہ موت کی طرح سے ہر ایک پہ آتا ہے۔ جینا جھوٹ ہے اور مرنا بھی جھوٹ۔ صرف مہمان سچ ہے۔ آج کل کے مہمان کو تو بس گولی ماریے۔ ذرا سوچیے تو، ہم جو خود اس دنیا میں کل دو ہی دن کے مہمان ہیں اور اوپر ایک اور مہمان کو لے آئیں جو مہینے بھر سے پہلے جانے کا نام ہی نہ لے؟ نا صاحب۔ گھر میں مہمان لانے سے تو اپنی بیوی پہ سوت لے آنا اچھا۔

اس دنیا میں تکلف کی بھی ایک جگہ ہے۔ مثلاً آپ کسی کے گھر کھانا کھائیں تو

شوربے میں ڈوبے ہوئے دو آلوؤں کے بارے میں ضرور کہنا پڑے گا۔۔۔ واہ صاحب مزا آگیا۔ برسوں کے بعد ایسا لذیذ کھانا نصیب ہوا ہے۔ یار خصت ہوتے ہوئے اپنے میزبان کی بیوی کے بارے میں کہنا ہوگا۔۔۔ آپ کی بیوی بڑی CHARMING ہے۔ سمجھ دار میاں تو اس بات کو سمجھتا ہے۔ وہ صرف ایک بار مڑ کر اپنی بیوی کو دیکھتا ہے اور پھر گھبرا کر بوٹ کے تسمے بند کرنے لگتا ہے۔ لیکن مہمان؟ آپ کہیں غلطی سے بھی اسے کہہ دیں۔ آپ غریب خانے پر تشریف لے چلیے، وہ آپ کا اپنا ہی گھر ہے تو پھر دیکھیے کیسے وہ آپ کے ہاں انتقال فرما جاتے ہیں اور وہیں اپنی قبر بنا کر رہتے ہیں۔ آپ کو، آپ کی بیوی کو، آپ کے بچوں کو مجاور بنا کر چھوڑتے ہیں۔ کچھ دنوں کے بعد آپ کو محسوس ہونے لگتا ہے کہ آپ اپنے ہی گھر میں مہمان ہو گئے۔ میزبان تو وہ ہیں، بذاتِ خود!

اپنے دل میں پھر سے گھر کا احساس جگانے کے لیے آپ کے پاس ایک ہی طریقہ رہ جاتا ہے اور وہ یہ کہ اگلے پھیرے میں آپ اس کے گھر میں مہمان ہو جائیں اور ہر بات میں ان کی جھونپڑی کو بار بار دولت خانہ کہیں۔ "تشریف رکھیے"، "پہلے آپ" اور اس قسم کے جملوں کا آزادانہ استعمال کریں۔ پھر ایک اور بات جو ان سے سہواً چھوٹ گئی۔ اس کی بیوی سے عشق بھی کریں، اس لیے نہیں کہ آپ کا جی چاہے گا، بلکہ اس لیے کہ اس کمینے کو پتا تو چلے کہ کسی دوسرے کے گھر میں مہمان کیسے ہوا جاتا ہے؟

بمبئی کے فلیٹوں کے بارے میں تو آپ جانتے ہی ہیں۔ سالے بہت ہی فلیٹ ہیں۔ ان میں اگر آپ ایک چارپائی رکھ دیں تو دوپائے والے کے لیے کہیں کوئی گنجایش نہیں۔ آخر چارپائی تک پہنچنے کے لیے تھوڑی جگہ تو چاہیے ہی۔ بہر حال وہ کھاٹ جسے آپ کی بیوی جہیز میں لائی تھی اور جسے آپ پلنگ نہ کہیں تو وہ مرنے مارنے کے لیے تیار ہو جاتی ہے، مہمان کو دینا پڑتی ہے اور خود نیچے سونا پڑتا ہے۔ بدقسمتی سے اگر آپ کے مہمان

ساتھ اپنی بیوی کو بھی لائے ہوں تو پھر آپ اوپر سو سکتے ہیں، نہ نیچے۔

ہاں، تو جب آپ مہمان صاحب کو چار پائی پر سونے کے لیے کہیں گے تو پہلے وہ ضرور کہے گا۔۔۔ نہیں صاحب! یہ کیسے ہو سکتا ہے؟ آپ پلنگ پر سوئیے، میں نیچے سو جاتا ہوں لیکن اس کی نیت ہرگز ایسی نہ ہو گی۔ وہ جانتا ہے نا کہ اس کی خاطر کر کے میزبان اپنے کر تو یہ ہی کا تو پالن کر رہا ہے۔ اس کی اس پیش کش سے انکار کیا تو بے چارے میزبان کے دل پر کیا بیتے گی؟ چنانچہ وہ پلنگ پر ٹانگیں پھیلا کر مزے سے سو جائے گا۔ تھوڑی دیر بعد آپ کو یوں لگے گا جیسے دشمن کا ریڈیو براڈ کاسٹ کر رہا ہے۔ لیکن آپ کوڈ نہ جاننے کی وجہ سے اسے سمجھ نہیں سکتے۔ پھر آپ کو اچانک خیال آئے گا۔ نہیں بھائی، اس WAVE LENGTH پر تو پہلے ہی بیسیوں نشریات سن چکے ہیں۔ یہ تو مہمان کے خراٹے ہیں۔

چنانچہ مہمان صاحب سو رہے ہیں۔ ہمیشہ کی نیند نہیں۔ صبح وہ پھر جگ جائیں گے۔ ایک نہیں نیند آتی تو آپ کو اور آپ کی بیوی کو جو سوچ رہے ہیں کہ کل اِن کو کیا کھلائیں گے؟ آپ سوچتے تو نیلا تھو تھا ہیں اور لاتے سیب ہیں، جن کا منہ بھی مہنگائی کے اس زمانے میں آپ نے مہینوں سے نہیں دیکھا۔ پھل بیچنے والا پیشہ ور آدمی ہے۔ وہ آپ کو دیکھتے ہی تاڑ جاتا ہے کہ ہو نہ ہو ان کے گھر میں کوئی مہمان آیا ہے اور اتتھی ستکار کی بھاونا ان کے من میں ویاکل ہو اٹھی ہے۔ چنانچہ وہ سیب تو ایک دیتا ہے اور روپے دو مانگتا ہے۔ جیسے اکیلا وہی ایک سیب ہے جو ہوائی جہاز میں بیٹھ کر کشمیر سے آیا ہے۔ پھر آپ آم خریدنے کا فیصلہ کرتے ہیں کیونکہ وہ مقابلہ میں سستا پڑتا ہے۔ گھر پہنچ کر آپ اس آم کی بہت سی قاشیں کاٹ کر مہمان کے سامنے رکھتے ہیں تاکہ انہیں ایک کے دو معلوم ہوں۔ مہمان ایک بار پھر آپ کا دل نہیں دکھانا چاہتا۔ چنانچہ پٹر چیڑ وہ سارے کا سارا آم چٹ کر جاتا

ہے۔ آپ سوچتے ہیں، شاید وہ سمجھ رہا ہے کہ اندر اور بھی بہت سے آم ہیں۔ وہ نہیں جانتے کہ اندر صرف بیوی ہے جو غصے سے کانپ رہی ہے اور اس کی شکل انناس کی سی ہو گئی ہے۔

مہمان کے گھر میں آنے سے سب سے بڑی بے ہودگی جو ہوتی ہے، وہ آپ کے سب راز، سب پول کھل جانا۔ آپ گھر میں آدھی کھائیں یا ساری، یا بھوکے ہی سو رہیں، لیکن مہمان کے آتے ہی آپ کی قلعی کھل جاتی ہے۔ آپ کتنا ہی اس سے چھپانے کی کوشش کریں مگر وہ سب ایسے ہی بے کار ہے جیسے کارک کو پانی میں ڈبونے کی کوشش۔ مہمان اس وقت اندر سے خوش لیکن باہر سے اداس دکھائی دیتا ہے اور اکثر یہ جملہ کہتا ہے، "کیا ہوا بھائی، گھروں میں ایسا ہوتا ہی ہے۔۔۔"

وہ ہمدردی کر رہا ہے جسے آپ سخت ناپسند کرتے ہیں۔ جب تک آپ پڑوس سے سو روپے کا نوٹ پکڑ سکتے ہیں، کسی کو ہمدردی جتانے کا کیا حق ہے؟ اگر آپ کسی نہ کسی طرح حقیقت حال چھپانے میں کامیاب ہو بھی جائیں تو پھر مہمان بڑے شاطرانہ انداز میں کریدنے کی کوشش کرتا ہے، "کیوں بھائی! کاروبار کا کیا حال ہے؟" آپ جواب دیتے ہیں، "اچھا ہے۔"

"کوئی ترقی ورقی نہیں ہوئی؟"

"ہوئی کیوں نہیں۔۔۔ ہر سال ہوتی ہے، جیسے ہر معقول ہندستانی عورت کے بچہ پیدا ہوتا ہے۔۔۔ ہی۔"

چنانچہ ہنسی میں بہہ جانے کی وجہ سے آپ کو بالکل اندازہ نہیں رہتا کہ آپ کیسے دھیرے دھیرے مہمان کی سازش میں آ رہے ہیں۔ وہ آپ کے بھونڈے مذاق پر آپ سے کہیں زیادہ ہنستا ہے اور اعتراف بھی کرتا ہے کہ اس کے پیٹ میں بل پڑ گئے اور پھر

ایکا ایکی آپ کو پورے طور پہ نہ دیکھتے ہوئے اپنے ترکش سے ایک اور تیر چھوڑتا ہے۔۔۔ اب تو تنخواہ تین سو روپے مہینہ ہو گئی ہو گی؟"

آپ کی رگِ حمیت ایک دم پھڑک اٹھتی ہے اور کچھ یاد نہیں رہتا۔ آپ اپنے آپ کو کہتے ہوئے پاتے ہیں، "تین سو؟ پانچ سو تو میری پچھلے برس تھی۔۔۔" جبھی آپ کو پتا چلتا ہے کہ آپ نے کیا حماقت کی۔ خود کو کنویں میں گرا کر اب آپ بچنے کے لیے بے کار ہی ہاتھ پیر مارتے ہیں اور کہتے ہیں، "پانچ سو میں آج بنتا ہی کیا ہے؟ کچھ انکم ٹیکس کٹ جاتا ہے، کچھ انشورنس، پراویڈنٹ فنڈ میں چلا جاتا ہے۔ کچھ بیوی کمیٹی کے لیے رکھ لیتی ہے تاکہ اس بیٹی کی شادی کر سکے جو ابھی پیدا نہیں ہوئی۔۔۔" لیکن صاحب آپ کچھ بھی کیجیے۔ مہمان اندازہ لگا چکا ہے کہ آپ کے گھر میں اور کتنے دن رہا جا سکتا ہے۔

ہر معقول آدمی کا بیوی سے جھگڑا ہوتا ہے کیونکہ مرد عورت کا رشتہ ہی جھگڑے کا ہے۔ لیکن جب مہمان گھر میں آتا ہے تو وہی جھگڑا مہابھارت کی صورت اختیار کر لیتا ہے۔ بیوی آپ سے کتنی نفرت کرتی ہے، اس کا اس وقت تک پتا نہیں چلتا، جب تک مہمان گھر میں نہ آئے۔ جیسے آپ کو بھولنے کے سوا کچھ نہیں آتا، ایسے ہی بیوی یاد رکھنے کے سوا اور کچھ نہیں جانتی۔ جانے کب کا بغض آپ کے خلاف سینے میں لیے بیٹھی ہے جو مہمان کے آتے ہی پنڈورا باکس کی طرح آپ کے سر پر الٹ دیتی ہے۔ مہمان سے براہ راست مخاطب ہوتے ہوئے وہ کہتی ہے، "دیکھیے بھائی صاحب! دن میں چوبیس گھنٹے پان کھاتے ہیں اور اس پہ دودھ کا ایک گلاس نہیں پیتے۔ آپ بتایئے ان کو خشکی ہو گی کہ نہیں ہو گی؟ نہ ناشتے کا کوئی وقت ہے نہ کھانے کا۔۔۔ اب پینے کی نئی لت پڑ گئی ہے۔ اس بات کے انتظار میں رہتے ہیں کہ کوئی مہمان آئے اور ان کے پینے کا بہانہ ہو جائے۔۔۔ آج تو میں انہیں ہاتھ بھی نہیں لگانے دوں گی۔"

"کسے؟" مہمان شرارت سے کہتا ہے۔ بیوی کچھ مسکراتے اور کچھ شرماتے ہوئے کہتی ہے، "بوتل کو، اور کسے؟ آپ بھی بالکل نہ پیجیے گا، بھائی صاحب۔" مہمان تھوڑا گھبرانے لگتا ہے اور لہجے میں وہ پیار لے آتا ہے جو وہ اپنی سگی بیوی کے لیے کبھی نہیں لایا، "کبھی کبھی پی لینے میں کوئی حرج نہیں، بھابی! مرد لوگ۔۔۔" بیوی ایکاایکی میز پر ہاتھ مار کے کہتی ہے، "نہیں!"

"ہاں۔" میں جواباً کہتا ہوں اور بوتل ڈھونڈنے چل نکلتا ہوں جو بیوی نے گودریج کی الماری میں چھپا رکھی ہے اور تالا لگا دیا ہے۔ میں کنجی مانگتا ہوں اور وہ ٹھنٹ دکھاتی ہے۔ میں جانتا ہوں چابی کہاں ٹھنسی ہے، لیکن مہمان کے سامنے وہاں سے نکال نہیں سکتا۔ چونکہ میرے شوہری وقار کو ٹھیس لگتی ہے، اس لیے میں آگ بگولا ہو جاتا ہوں اور بیوی کے خلاف زہر اگلنے لگتا ہوں، "یہ عورتیں۔۔۔! آپ دو روپے کمائیں اور دیانت دار آدمی کی طرح آتے ہی ایک روپیا ان کے ہاتھ میں تھمادیں۔ باقی کے روپے میں آپ بس کا کرایہ رکھیں اور صرف اٹھنی اپنے موج میلے کے لیے، جب بھی ان کی نگاہ آپ کی اٹھنی پر رہے گی۔ مرد سے یہ آخری سانس تک نچوڑ لیں گی اور جب وہ مر جائے تو اونچی اونچی آواز میں روئیں گی۔ اس لیے نہیں کہ وہ مر گیا ہے، بلکہ اس لیے کہ اب نچوڑیں گی کسے؟"

"بکومت۔۔۔" بیوی کی بلند آواز آتی ہے اور آپ دیکھتے ہیں کہ اس کی سانس دھونکنی کی طرح چلنے لگی ہے۔ ابھی سے اسے فکر پڑ گئی کہ یہ گیا تو روپیا کہاں سے آئے گا؟ لیکن آپ اپنا ٹیمپو کم نہیں ہونے دینا چاہتے۔ آپ مہمان سے کہتے ہیں، "آپ ہی بتائیے بھائی صاحب۔۔۔ ہر بیوی شادی کے دس سال میں یہ ہو جاتی ہے۔ اس دلہن کو دیکھیے جسے آپ برسوں پہلے گھر لائے تھے اور جس سے والہانہ پیار کیا تھا، دو گھونٹ پینا ضروری ہیں یا

نہیں؟ یہ ذلیل سا گھر ہمارا۔۔۔ جب میں پی لیتا ہوں تو مجھے یہ سچیو الیہ معلوم ہونے لگتا ہے اور یہ گندا سا محلہ ہینگنگ گارڈن!" پھر میں آنکھوں میں شعلے اور انگارے برساتے ہوئے بیوی کی طرف دیکھتا ہوں اور کہتا ہوں، "دیکھو شانتی! مجھے آکاش وانی ہو رہی ہے۔"

بیوی آکاش وانی کا مطلب سمجھتی ہے، اس لیے ڈر کے مارے چابی میرے ہاتھ میں تھما دیتی ہے لیکن اس کے بعد جو ہتھیار میرے خلاف استعمال کرتی ہے، اس کے سامنے آکاش وانی بھی کوئی حقیقت نہیں رکھتی۔ وہ رونے لگتی ہے اور مہمان سے مخاطب ہوتی ہے، "آپ کو کیا بتاؤں بھائی صاحب! جب یہ پی لیتے ہیں تو آدمی نہیں رہتے۔"

"کیا ہو جاتے ہیں؟" وہ پوچھتا ہے۔ بیوی ہچکچاتے ہوئے کہتی ہے، "باہر جاتے ہیں۔"

"باہر جانے میں کیا حرج ہے؟" مہمان عارفانہ تجاہل کے ساتھ کہتا ہے، "باہر کی کھلی ہوا۔۔۔"

"اوہو۔ آپ نہیں سمجھتے۔"

"او۔۔۔" مہمان کہتا ہے، جیسے وہ سمجھ رہا ہے۔

"آپ ایسے نہیں، تو سمجھتے ہیں۔ دنیا میں کوئی بھی مرد ایسا نہیں؟" اور پھر گھگھیا کر رونے لگتی ہے اور ہمارے دیکھتے دیکھتے وہ ذلیل اور گھٹیا مہمان ہم میاں بیوی پہ جج بن کر بیٹھ جاتا ہے۔ بیوی مجھے نقطوں سے بھری ہوئی گالیاں دیتی ہے اور میں اسے بے نقط سناتا ہوں۔ مہمان بیچ بچاؤ کرتا ہے۔ باہر سے دکھی مگر اندر سے سکھی نظر آتا ہے۔ آخر وہ مجھے بے تحاشہ صلواتیں سنانے لگتا ہے، "شرم آنی چاہیے آپ کو۔ ہم نے ہزاروں عورتیں دیکھی ہیں لیکن شانتی ایسی دیوی نہیں دیکھی۔ آپ اگلے سات جنم تک بھی لگے رہیں تو

ایسی ستی ساوتری آپ کو نہ ملے گی۔"

"اگلے سات جنم؟ میں پچھلے سات جنم سے لگا ہوا ہوں۔"

"کیا کہا؟"

"پچھلے سات جنم سے ستی ساوتری کی تلاش میں ہوں، اور اب جا کر مجھے یہ ملی ہے شانتی۔ اب تو مجھے موکش ملنے والا ہے۔"

بیوی عقیدت کے ایک جذبے سے مہمان کی طرف دیکھتی ہے۔ میں سمجھتا ہوں کہ کیا ہو رہا ہے۔ اس گھر میں مہمان کی نوکری پکی۔ یہ تو موٹی عقل کا مہمان بھی جانتا ہے کہ کسی کے گھر میں رہنا ہے تو بیوی کے ساتھ بنا کر رکھو۔ اب وہ مجھے اور بھی برا بھلا کہنے لگتا ہے۔ بیوی چونکہ مرد کا EGO ہوتی ہے، اس لیے میاں اوپر سے بے حد خفا ہوتا ہے اور بھیتر سے خوش۔ بیوی کے سلسلے میں اسے کھانا کھا کر اتنی خوشی نہیں ہوتی، جتنے جوتے کھا کر ہوتی ہے۔ ہر بیوی کسی انتقامی جذبے سے چاہتی ہے کہ مرد کو وہ بے بھاو کی پڑیں کہ نانی یاد آجائے اور پھر وہ بے دست و پا ہو کر اس کی شرن میں چلا آئے۔ جب وہ اسے ایسا پیار دے جو ماں ہی اپنے بچے کو دے سکتی ہے، جب وہ پڑوس کے کلوا سے پٹ پٹا کر گھر آتا ہے۔ لیکن آپ کا مہمان تھوڑی ہی دیر میں آپ کا سب مزا کرکرا کر دیتا ہے۔ وہ آپ کو آنکھ مار کر ایک طرف لے جاتا ہے اور بالکونی پر لے جا کر بڑی رازداری سے کہتا ہے، "آپ بھی ایک ہی پنتک ہیں۔ ہوتی میری بیوی تو ایک جھانپڑ دے کر گھر سے نکال دیتا۔"

مہمان کو گھر سے بھگانے کا ایک ہی طریقہ ہے۔ اس کے کپڑوں پہ سیاہی انڈیلنے، روٹی میں ریت ڈالنے، گھر کا مین سوئچ آف کر دینے کے سب طریقے پرانے ہو چکے ہیں۔ جدید طریقہ یہ ہے کہ خود ایک دم گھبرا جاؤ، جس سے آپ کا مہمان بھی گھبرا جائے گا۔

اس کی اتنی خاطر کرو کہ وہ توبہ توبہ بول اٹھے۔ اس کا پانو ہی زمین پر نہ پڑنے دو۔ اس کے منہ سے 'پ' نام کا حرف نکلے تو دوڑ کر پانی کا گلاس لے آؤ۔ پلنگ پر بیٹھا وہ زمین کی طرف دیکھے تو سلیپروں کی جوڑی اٹھا کر سامنے رکھ دو۔ وہ آپ سے بار بار معافی مانگے گا۔ لیکن اس بات کا آپ پہ ذرا بھی اثر نہ ہو۔

باتھ روم کا بٹن آپ دباؤ۔ نل بھاگ کے کھولو اور ایسے میں دیوار سے ٹکرا کر اپنا سر پھوڑ لو۔ غلطی سے کہیں وہ خود ہاتھ دھونے لگے تو ایک تولیہ لے کر کھڑے رہو۔ ٹٹی کا لوٹا خود ہاتھ میں لے کر سامنے بیٹھ جاؤ اور اس کے منت کرنے پر بھی نہ ٹلو۔ لیکن یاد رہے یہ سب نسخے باریک عقل کے مہمانوں پر چلتے ہیں، موٹی عقل کے مہمانوں پر نہیں۔ پچھلے مہمان کو میں باریک عقل کا سمجھتا تھا لیکن وہ موٹی عقل کا نکل آیا۔ میرے یہ سب کرنے کے بعد اس نے منڈی ہلائی اور کہا، "آپ بڑے دیوتا آدمی ہیں۔"

جب میری سمجھ میں آیا کہ میں کیا ہوں؟

پھر مہمان کے ساتھ جو اس کی بیوی آتی ہے، وہ عجیب ہی چیز ہوتی ہے۔ نہ جانے آپ کیسے اسی وقت اندر کے کمرے میں جاتے ہیں، جب وہ کپڑے بدل رہی ہوتی ہے۔ وہ آپ کو دیکھتے ہیں ہڑبڑا کر ایک طرف بھاگتی ہے۔ آپ کھڑ کھڑا کر دوسری طرف۔ اسی گھبراہٹ میں اس کی رہی سہی ساری بھی کھل جاتی ہے اور جب آپ دونوں سخت وحشت کے عالم میں الٹی سمتوں میں بھاگتے ہیں تو نہ جانے کیسے پھر برآمدے میں ٹکرا جاتے ہیں۔ آخر بڑی مشکل سے آپ اپنے ہونٹ پونچھتے ہوئے الگ ہو جاتے ہیں۔۔۔

مہمانوں کے ساتھ ایک بہت بڑی ایوالانش بھی آتی ہے جس کا نام بچے ہیں اور جو شکل ہی سے مہمان کے بچے معلوم ہوتے ہیں۔ آپ بھی جانتے ہیں کہ بچوں سے پیار کرنا چاہیے کیونکہ وہ پرماتما کے راج بھوت ہوتے ہیں۔ لیکن اس کا کیا کیجیے کہ چھوٹے نلی چو

چو کی ناک بہہ رہی ہے، جسے وہ ہمیشہ اپنی قمیص کے کف سے پونچھتا ہے۔ بڑا باہر سے کھیلتا ہوا آتا ہے اور اپنے کیچڑ سے لت پت پانو دوان پر رکھ دیتا ہے۔ ان کی ماں رسمی طور پر انہیں ڈانٹتی ہے۔ لیکن آپ کہتے ہیں، "بچے ہیں بھابی۔ یہ تو ایسے ہی کریں گے جیسے بچے کرتے ہیں۔ انہیں روکنا بڑی غلطی ہے۔" یہی نہیں، آپ اپنے علم کے زور پر اسے بتاتے ہیں کہ بچے تھوڑی بہت توڑ پھوڑ نہ کریں تو ان میں تخریبی جذبے دَب جاتے ہیں اور اس وقت نکلتے ہیں، جب وہ بڑے ہو جائیں لیکن یہ بات تو آپ بھی نہیں جانتے کہ آج کل کے بچے، آپ کی سب بات سمجھ رہے ہیں۔

ابھی آپ نے کھانے کے لیے لقمہ منہ میں نہیں رکھا کہ اڑڑڑڑ دھڑام کی آواز آتی ہے۔ آپ سب بھاگتے ہوئے بغلی کمرے میں پہنچتے ہیں تو دیکھتے ہیں کہ لینن کا بت جو آپ لینن گراڈ ہی سے لائے تھے، زمین پر گر کر ٹکڑے ٹکڑے ہو گیا ہے اور نلی چو چو پاس کھڑا کچھ فاتحانہ، کچھ مجرمانہ انداز سے ہنس رہا ہے۔ ہے ہے ہے۔۔۔ اب ماں دکھاوے کے لیے تھپڑ مارتی ہے لیکن صاف پتا چلتا ہے کہ وہ کس پھولوں کی چھڑی سے اس کی تواضع کر رہی ہے۔ اب آپ ہیں اور آپ کی بیوی جو اسے چھڑا رہے ہیں۔ آپ کا انتا کرن تو کہتا ہے سالے کو ننگا کر کے، ٹکٹکی لگا کر وہ بید مارو کہ چمڑی ادھڑ جائے لیکن اوپر سے آپ یہی کہتے ہیں، "کیا ہوا بھابی؟ بچے تو توڑیں گے ہی۔ میں نے آپ سے کہا نہیں تھا۔۔؟ چھوڑو اب مار ہی ڈالو گی معصوم کو؟" پھر چھڑانے کی بجائے اسے آگے دھکیلتے ہوئے آپ کہتے ہیں، "روس والے اب مجھے REACTIONARY سمجھنے لگے ہیں ورنہ میں ایک اور بت ماسکو سے لے آتا۔"

بجلی مجھ پر اس وقت گرتی ہے جب میرا مہمان اور اس کی بیوی دونوں مل کر بچے سے کہتے ہیں، "نمستے کرو، نمستے کرو انکل کو۔۔۔ ارے کنگ۔" اب کنگ ماں کی دھوتی

پکڑ کر اس کے پیچھے چھپنے لگتا ہے اور مشکوک انداز سے آپ کی طرف دیکھتا ہے اور بڑی ادا سے کہتا ہے، "نائیں۔۔۔" بچے کا باپ اسے پکڑتے، سامنے لاتے ہوئے کہتا ہے، "ارے، نمستے کر سالے، انکل چاکلیٹ دیں گے۔" جبھی ماں اتراتی ہے، "میرا کنگ چاکلیٹ بہت پسند کرتا ہے۔" آپ فوراً کہتے ہیں، "چاکلیٹ لے دوں گا بیٹے۔ اور ٹافی بھی۔" حالانکہ انتاکرن کہتا ہے تھوڑا۔۔۔ پوٹاشیم سائنائیڈ بھی۔ میں پھر شروع ہوتا ہوں، "تمہارے لیے غبارہ لاؤں گا کنگ! بہت بڑا غبارہ۔۔۔ نمستے۔۔۔"

"ہی ہی ہی۔ نمشتے!" آخر کنگ کہتا ہے۔ پھر اس کا باپ شروع ہوتا ہے، "یار کنگ، انکل کو اے بی سی ڈی سناؤ۔" کنگ انکار میں سر ہلا دیتا ہے اور پھر ماں کے پیچھے چھپنے لگتا ہے۔

"ارے سناؤ نا، شرما کیوں رہے ہو؟" ماں اسے پھر سامنے لاتے ہوئے کہتی ہے، "انکل سائیکل لے کر دیں گے۔"

"ہاں۔۔۔" میں کہتا ہوں، "کار لے دوں گا۔"

جب کنگ فارم میں آتا ہے اور کہتا ہے، "چابی والی کار نائیں، انکل! وہ والی۔" اور پھر وہ دونوں ہاتھوں سے اسٹیرنگ وہیل کی شکل بناتا ہے۔ آخر میرے وعدہ کرنے پر وہ شروع ہوتا ہے، "اے۔۔۔ بی۔۔۔ شی۔۔۔ ڈی۔۔۔ ای۔۔۔ ہی ہی، مجھے سو سو آیا ہے ممی۔"

"ارے!" ممی یوں اظہار کرتی ہے، جیسے کوئی ان ہونی بات ہو گئی۔

"چل اندر۔"

اور وہ وہیں سے اس کا ازار بند کھولتی ہوئی کنگ کو باتھ روم کی طرف لے جاتی ہے۔ لیکن جاتے میں یہ بھی کہہ جاتی ہے، "بالکل باپ پر گیا ہے، کام کے وقت سو سو۔۔۔"

باپ ہنستا ہے۔ میں بھی ہنستا ہوں۔ میری بیوی ہنستی ہے۔ ساری دنیا ہنستی ہے۔

ہمارا مہمان پھر شروع ہوتا ہے، "بڑا ذہین ہے اپنا کنگ!"

"کیوں نہ ہو۔" میں اتفاق کرتا ہوں، "ذہین ماں باپ کی اولاد۔۔۔" حالانکہ میرا انتا کرن کہتا ہے گدھے کا بچہ گدھا ہی ہوگا، گھوڑا کیسے ہو جائے گا؟ جبھی ایک طرف سے کوئن چلی آتی ہے۔ انگریزی GENDER کے سب قانون جھٹلاتی ہوئی، کیونکہ وہ کوئن ہونے پر بھی کنگ کی بہن ہے۔ وہ اپنے بھائی کی ہر دل عزیزی دیکھتی اور جلتی رہی ہے۔ شاید اس لیے کہ وہ کسی پتری پاٹھشالہ میں پڑھتی ہے، سامنے آتے ہی وہ بنا کسی فرمائش کے، ایک پرانا، بے سرا سا گانا شروع کر دیتی ہے، "ہئیے دیا مئے، ہم سبھوں کو شدھتائی دیجیے۔۔۔"

میں بھجن سنتا ہوں لیکن نہ جانے کیوں مجھے اپنی تائی یاد آجاتی ہے، جو بہت ہی شدھ ہے۔۔۔ میں اپنا پیچھا چھڑانے کے لیے کوئن کو بیچ میں ٹوک دیتا ہوں اور کہتا ہوں، "واہ، کیا گلا پایا ہے۔۔۔ بڑی ہوگی تو لتا منگیشکر سے کم کیا ہوگی؟" اور میرے انتا کرن سے آواز آتی ہے۔ مینڈک کی اولاد! لیکن کوئن بدستور گا رہی ہے۔ انترہ پہلے اور استھائی بعد میں اس سے بھجن اور بھی موثر ہو جاتا ہے۔

"ایسی کرپا اور انوگرہ ہم پہ ہو پرماتما۔" چونکہ وہ بچی ہے، اس لیے بھلائی اور برائی میں تمیز نہیں کر سکتی اور بڑی نمرتا سے پرارتھنا کرتی ہے۔ جس سے وہ پرانا اور فرسودہ گانا نیا اور ماڈرن ہو جاتا ہے۔

"دور کر کے ہر بھلائی کو برائی دیجیے!"

اتنے میں کنگ فارغ ہو کر چلا آتا ہے اور کوئن کو گاتے دیکھ کر شروع ہو جاتا ہے، "میں بھی سناؤں گا اردو کا سبق۔"

"ارے سناؤ، سناؤ کنگ۔۔۔ یار کنگ تم تو۔۔۔" ہم سب کہنے لگتے ہیں۔ اب کنگ

ایک ہی سانس میں سبق سنا جاتا ہے، "بچھو سے کسی نے پوچھا تو جاڑے میں باہر کیوں نہیں آتا؟ بچھو نے کہا گرمیوں میں مری کون سی خاطر ہوتی ہے جو جاڑے میں بھی باہر آؤں؟" اور پھر کنگ یک بارگی الٹا سانس لیتا ہے۔ ہا۔۔۔!

آخر ایک دن ہمیں آناًفاناً پتا چلتا ہے کہ ہمارے مہمان جانے والے ہیں۔ یہ نہیں کہ وہ پہلے ہی سے ہمیں اپنے سرگباش ہونے کی خبر دے دیتے ہیں بلکہ کچھ یوں کہ اس سہانی صبح کو ہمارا مہمان ہمارے پاس آتا ہے، محبت بھرا ہاتھ ہمارے کاندھے پہ رکھ دیتا ہے اور آہستہ آہستہ خود سرکتا ہمیں سرکاتا ہوا، بالکونی کی طرف لے جاتا ہے اور کھسر پھسر کے انداز میں بات شروع کرتا ہے، "بات یہ ہے، میں نے بینک میں ایک چیک ڈالا تھا۔۔۔" میں ایکا ایکی سب سمجھ جاتا ہوں اور اسی وقت پوچھتا ہوں، "کے روپے چاہییں آپ کو؟" وہ کہنے لگتے ہیں، "میں دلی پہنچتے ہی آپ کو لوٹا دوں گا۔"

اب میں اپنے مہمان کو یہ نہیں بتا سکتا کہ جو آدمی مجھے پیسا لوٹانے کی بات کرتا ہے، میرا اس کے منہ پہ تمانچا مارنے کو جی چاہتا ہے۔ خیر وہ تو میرا انتا کرن ہے۔ میں اسے صرف اتنا ہی کہتا ہوں، "ارے یار، تم نے آتے ہی کیوں نہ مانگے۔۔۔ کتنے چاہئیں؟"

"زیادہ نہیں۔" وہ کہتے ہیں، "یہی تین اِک سَو روپے۔"

میں فوراً بھاگا ہوا اندر جاتا ہوں اور اپنی بیوی کے پانو پر سر رکھ دیتا ہوں اور اس سے تین سو روپے لاکر مہمان کو دے دیتا ہوں۔ وہ کچھ کھسیائے ہوئے انداز میں مجھے تکلیف دینے کی معذرت چاہتے ہیں۔ لیکن وہ یہ نہیں جانتے کہ میں اندر سے کتنا خوش ہوں۔ بھلا مہمان، اس کے لاؤلشکر۔ کنگ کوئن، پرنس رائل اور اس کے پورے شاہی خاندان سے چھٹکارا پانے کی تین سو روپے بھی کوئی قیمت ہے؟

(۵) خواجہ احمد عباس

خواجہ احمد عباس میرے دوست نہیں۔ ان معنوں میں جن میں کہ دوست ہوتا ہے اور میرے خیال میں اسے ہونا چاہیے۔ مجھے اس بات کا افسوس ہے کہ میں نے ہمیشہ انہیں اپنا بزرگ اور پیش رو مانا اور یوں احترام کرتے ہوئے ٹال دیا۔ کچھ اسی قسم کا سلوک انہوں نے بھی میرے ساتھ کیا۔ ادبی سلسلے میں بارہا میری پیٹھ ٹھونکی، تحریری طور پر مجھے تسلیم کیا اور اس کے بعد ٹکسال باہر کر دیا۔ حال ہی کی بات ہے جب کہ میں نے انہیں اپنے ہاں آنے کی دعوت دی تو بلا تکلف انہوں نے مجھ سے پوچھا، "تم رہتے کہاں ہو؟"

عباس صاحب کی ہمدمی کا شرف بھی مجھے حاصل نہیں ہوا، جس میں میرا قصور ہے تو ان کا بھی۔ میرے خیال میں انہوں نے میری طرح دوستوں کا انتخاب امتیازی نظریہ سے نہیں کیا۔ ایک واضح ارادے سے کسی صحیح آدمی کو تو قریب لانے کی کوشش نہیں کی۔ جی ہاں صحیح آدمی کے سلسلے میں اگر میرا اشارہ خود اپنی طرف ہے تو چند دوسرے لوگوں کی طرف بھی جو نقد و نظر سے عباس صاحب کی بہتری کا سامان کر سکتے تھے اور خود بھی ان سے سیکھ سکتے تھے۔ جو بھی ان کے پاس آیا، انہوں نے آنے دیا۔ یہی نہیں۔ جو ان کے پاس سے گیا اسے جانے بھی دیا۔ پاس آنے والوں میں کچھ تو پہلے ہی پیر مغاں تھے اور اگر نہیں تھے تو عباس صاحب کے حسن سلوک نے ہمیشہ کے لیے انہیں بنا دیا۔۔۔ اور جانے والوں کا تو ذکر ہی کیا؟

اس مودّب فاصلے کے باوجود میں کہہ سکتا ہوں کہ کم از کم مجھے ان کی ہم مشربی کا فخر

حاصل ہے جس سے ہمدمی اور دوستی کہیں دور کی بات نہیں۔ پھر تھوڑا جاننے والے میں اتنا انکسار تو ہوتا ہے کہ وہ کسی کو جاننے کا حتمی دعوا نہیں کرتا۔ بر خلاف اس کے ہمیشہ ساتھ رہنے والا اس سلسلے میں بڑی بونگی باتیں کرتا ہے۔ جن سے پتا چلتا ہے کہ جو آدمی جتنا قریب ہوتا ہے، اتنا ہی دور بھی۔

زندگی میں کم ہی آدمی آپ نے ایسے دیکھے ہوں گے جن کی شکل پیدائش سے لے کر آخر دم تک ایک ہی سی رہی ہو۔ جس کی وجہ سے وہ بہت سے جرائم نہیں کر سکتے۔ میں نے عباس صاحب کو ان کے بچپن میں تو نہیں دیکھا لیکن اپنے فزیالوجی کے محدود علم کی بنا پر کہہ سکتا ہوں کہ اس وقت بھی عباس صاحب اپنے اس لائبریری اڈیشن کا پیپر بیک ہوں گے۔ اور کچھ نہیں تو پچھلے پچیس برس سے تو میں ان کا منہ دیکھ رہا ہوں۔ جہاں ذہنی طور پر ان کا قد بڑھا ہے، جسمانی طور پر آپ وہی کے وہی ہے ہیں۔ چہرے پر جس فہم و فراست کے نشان پہلے تھے، وہی اب بھی ہیں۔ ویسے ہی نگاہ اچٹ کر سامنے والے پہ پڑتی ہے۔ وہی مونچھوں کی ہلکی سی تحریر جس کے نیچے پتلے سے ہونٹ جو خفگی یا کھسیانے لمحوں میں کچھ اس طرح سے ہلتے ہیں کہ انہیں پھڑ پھڑانا کہا جا سکتا ہے اور نہ بھینچنا۔ ان کی ہنسی بے ساختہ ہے مگر ریشمی، جسے استعمال کرتے ہوئے وہ ایکا ایکی رک جاتے ہیں۔ معتبر آدمی کو زیادہ ہنسنا نہیں چاہیے! سر پر کے بال پہلے ڈھائی تھے، اب دو رہ گئے ہیں۔ اس کے باوجود سکھوں کے خلاف نہیں۔ بلکہ کئی دفعہ میں نے انہیں کسی سکھ کو رشک کی نگاہ سے دیکھتے ہوئے پایا ہے۔

لباس میں سادگی ہے اور استغنا کا فن بھی۔ ان کی عام نشست و برخاست کو دیکھ کر پتا چلتا ہے کہ زندگی میں تاکید تکلفات پر نہیں، کچھ اور ضروری باتوں پر ہے، جس میں ادب، صحافت، فلم، سیاست اور دوسری بیسیوں قسم کی سماجی ذمہ داریاں شامل ہیں۔ دنیا

کے موجودہ سیاسی نظام میں اگر انہیں اسرائیل اور متحدہ عرب جمہوریہ کے درمیان چننے کا حق دیا جائے تو وہ یقیناً عرب جمہوریہ کو چنیں گے۔ صدر جمال عبدالناصر کی پیروی کریں گے لیکن شکل ہمیشہ اسرائیل کے بین گورین سے ملے گی۔

میں نے عباس صاحب کو پہلی بار لاہور میں دیکھا جہاں وہ اپنے صحافی دوست ساٹھے کے ساتھ کوئی فلم بنانے کے سلسلے میں آئے تھے۔ یہ دونوں دوست انڈین پیپلز تھیٹر کی تحریک کا حصہ تھے، جس کے ایک جلسے میں، میں عباس صاحب کو دیکھنے چلا گیا۔ ان دنوں لاہور کے لارنس باغ میں ایک نیا اوپن ایر تھیٹر قائم ہوا تھا جہاں خوب ہی ہنگامہ تھا۔ معلوم ہوتا تھا کمبھ نہیں تو اردھ کمبھی ضرور ہے۔ چنانچہ عباس صاحب کو دیکھنے کے سلسلے میں مجھے خوب دھکے پڑے۔ خیر، دھکوں کی بات چھوڑیے، وہ تو زندگی کا حصہ ہیں۔ ہم سب دھکے کھاتے ہیں۔ کبھی مل کر اور کبھی الگ الگ۔ ایک بار پہلے بھی جب لاہور کے بریڈلا ہال میں مہاکوی ٹیگور کو دیکھنے گیا تھا تو اس سے بھی برا سلوک ہوا۔ بھگدڑ میں سیکڑوں پیروں کے نیچے دَلا گیا۔ جب بھی میں نے یہی سوچا تھا کہ کیا بڑے آدمی کو دیکھنے کے لیے خود چھوٹا ہونا ضروری ہے؟

اس جلسے میں عباس صاحب ایک ممتاز حیثیت رکھتے تھے۔ اس لیے نہیں کہ باقی کے فضول اور بے کار قسم کے مرد تھے۔ ان میں عورتیں بھی تھیں اور عباس صاحب سب سے ملتے اور سب سے باتیں کرتے پھر رہے تھے، جسے صحافت کی زبان میں کہا جاتا ہے، "اور وہ آزادانہ مہمانوں میں گھومتے اور ان سے ملتے جلتے رہے۔"

ایسا معلوم ہوتا تھا عباس صاحب کسی کا دل توڑنا نہیں چاہتے۔ ایسا کریں گے تو ان کا اپنا دل ٹوٹ جائے گا۔ اس عمل میں انہیں کتنا ہی بولنا، کتنا ہی وقت ضائع کرنا پڑا۔ وہ اس بات کو بھول ہی گئے اور آج تک بالعموم بھولے ہوئے ہیں کہ جب تک وہ کسی کا دل نہیں

توڑیں گے، بات کیسے بنے گی؟(دل "بدست آور" کہ حج اکبر است!)

جب عباس صاحب کے چہرے پر ایسی ہی طمانیت برستی تھی، جس سے پتا چلتا تھا کہ بعد میں وہ "آزاد قلم" ہو جائیں گے اور فلموں میں رہے تو "آزاد فلم۔" ایک نقطہ اور بھی کم۔ ان کے چہرے پر سب سے اوپر عقیل اور آزادروی کے نقوش تھے۔ اس سے نیچے پی سی جوشی کی پارٹی لائن اور سب سے نیچے مہاتما گاندھی کی 'تلاش حق۔' پوری کی پوری، جو چھٹپٹا کر سب سے اوپر چلی آئی تھی۔

اسی دن مجھ پر اس بات کا انکشاف ہوا کہ کسی آدمی کی بڑائی سے بچنے کے لیے اس سے ذاتی طور پر مل لینا ضروری ہے۔ اسے چھو کر دیکھنا لابدی ہے، چاہے وہ ہاتھ ملانے کی صورت ہی میں کیوں نہ ہو۔ اس عمل میں اس بات کا یقین ہو جاتا ہے کہ وہ بھی ہماری ہی طرح کا انسان ہے۔ صرف اس نے زندگی کے خاص شعبے میں حد سے زیادہ محنت اور ریاضت کی ہے اور ہم نے نہیں کی۔ کریں تو ذہنی طور پر بھی ہم ان سے ہاتھ ملا سکتے ہیں۔ ورنہ ہم اپنے ذہن میں ایسے آدمی کو کچھ ایسے مافوق الفطرت انتسابات دے دیتے ہیں کہ وہ خواہ مخواہ ہمیں بامن اوتار سوگزا معلوم ہونے لگتا ہے۔ پھر اسے انسان کی تربیت میں دیکھ کر، عام انسانوں کی سی حرکتیں کرتے پا کر ہمارا طلسم ٹوٹ جاتا ہے، جس میں اس بچارے بڑے آدمی کا تو کچھ بگڑتا نہیں، ہمارا اپنا قد پہلے سے بھی چھوٹا ہو جاتا ہے۔

عباس صاحب سے مصافحے کے بعد کم از کم ایک بات کی تسلی تو ضرور ہوئی کہ جسمانی طور پر ان کا قد مجھ سے بڑا نہیں۔ البتہ رنگ گورا ہے۔ لیکن کبھی تو افریقی قومیں میرا ہاتھ پکڑ کر اٹھیں گی اور گوروں کا جوا اتار پھینکیں گی (چنانچہ آج میری پیشین گوئی کتنی پیغمبرانہ ثابت ہو رہی ہے!) رہی ذہنی قد کی بات تو ورزش سے وہ بھی ٹھیک ہو جائے گا۔

ان دنوں عباس صاحب نے ابابیل نام کی ایک کہانی لکھی تھی جس کا مجھ پر بہت رعب پڑا تھا۔ لائم او فلاہرٹی نے پرندوں کے بارے میں کچھ خوبصورت افسانے لکھے تھے، لیکن عباس صاحب کا افسانہ "ابابیل" ان پر بیس تھا۔ جب میں ڈاک خانے میں بابو (بیک نقطہ پیش، یا بو شود!) تھا اور میرے نزدیک کاؤنٹر پر منی آرڈر بک کروانے والے سے لے کر عباس صاحب تک، سب انگریز وائسرائے کی ایگزیکٹیو کونسل کے ممبر تھے۔ چنانچہ میں نے لکنت سے پٹی زبان میں افسانے کی تعریف شروع کی۔ عباس صاحب خوش تو ہوئے لیکن پھر انکسار میں ٹال گئے اور میری کہانیوں کی باتیں کرنے لگے اور میں بھول ہی گیا کہ ابھی مجھے ان کی ایک اور کہانی "ایک پاؤلی چاول" کی بھی تعریف کرنا ہے۔ میں خود بھی اپنے افسانوں کی باتیں کرنے لگا۔ میں کس قدر گرا پڑا ہوں گا، کہ انکسار ان دنوں میرے لیے بہت بڑی عشرت کی بات تھی، جیسے عباس کی تعریف میرے نزدیک بہانہ محض تھی۔ اپنی باتیں کرنے کے لیے جب میں عباس صاحب سے مل کر آیا تو مجھے پتا چلا کہ میرے اس وقت جانے بوجھے بغیر انہوں نے اپنی عظمت کا کچھ حصہ مجھے بھی دے دیا ہے۔ میں گورا نہیں ہوا تو لمبا ضرور ہو گیا ہوں۔

اور یہ عباس صاحب میں امتیازی بات ہے۔ ادیبوں میں (میرے سمیت) کم آدمی آپ کو ایسے ملیں گے جو اپنی باتیں کم کریں گے اور دوسروں کی زیادہ۔ ایک دوسرا شخص جو لوگوں کو بظاہر "انا" سے معمور معلوم ہوتا ہے، وہ۔۔۔ اوپندر ناتھ اشک۔ میں جب بھی ان دوستوں سے ملا ہوں، مجھے پتا چلا ہے کہ ادب کے آسمان پر کوئی نیا ستارہ طلوع ہوا ہے۔ یہ اسی کا تذکرہ کرتے ہیں، اس کی چیزیں پڑھ کر سناتے ہیں یا پڑھواتے ہیں۔ تھوڑی سی بحث کے بعد مان بھی جاتے ہیں کہ وہ ستارہ ابھی طلوع ہونے کی کوشش کر رہا ہے۔ لیکن اس کا نتیجہ یہ نکلتا ہے کہ میں ڈر، محض ڈر کے جذبے سے اس ادیب کی طرف متوجہ

ہوتا ہوں۔ چونکہ ڈر کوئی اثباتی جذبہ نہیں، اس لیے یا تو وہ ادیب مجھے تالستائی اور چے خف سے بھی بڑا معلوم ہونے لگتا ہے اور یا پھر اپنے سے بھی چھوٹا۔ میری طرح کے جاگیر دارانہ ذہن رکھنے والے اور بھی بہت سے ادیب ہیں لیکن ایک فرق ہے۔ میں اپنی اس کمزوری کو جانتا ہوں اور اسے دور کرنے کی کوشش بھی کرتا ہوں لیکن ان میں سے اکثر جانتے ہیں، نہ کوشش کرتے ہیں۔ خیر، وقت بڑے بڑوں کو ٹھیک کر دیتا ہے اور میں اپنے آپ سے مایوس نہیں۔

یہ بات نہیں کہ عباس صاحب اور اشک میں انا نہیں۔ ارے صاحب ہے اور بہت ہے۔ لیکن اسی قدر جس قدر اسے تخلیقی عمل کے لیے ہونا چاہیے اور وہیں جہاں اسے ہونا چاہیے، جیسے اکثر لوگوں کا سیکس تمام تر سر میں ہوتا ہے اور ایک معزز خاتون کے مطابق۔۔۔ وہاں نہیں جہاں اسے ہونا چاہیے۔ عباس صاحب میں انا اتنی ہی ہے جس میں وہ اپنی ذات کو پہچان سکیں۔ دوسروں سے الگ، اور دوسروں کے بیچ۔ یہ الگ بات ہے کہ ہمارے بہت سے ادیب ساتھی لکھاڑ ہی بہت ہیں۔

میں نے عباس صاحب کے بہت سے افسانے پڑھے جن میں سے کچھ یاد ہیں اور کچھ بھول گیا۔ بھول جانا شعور کے سلسلے میں رائے ہو تو ہو لیکن انسانی دماغ ایک کمپیوٹر نہیں۔ اس سے بہت بلند ہے جس کی تفصیل یا بحث اس مضمون کا حصہ نہیں۔۔۔ عباس صاحب کا افسانہ 'بارہ بجے' تو میں بھول ہی نہیں سکتا۔ ایک تو اس لیے کہ اس سے میرا براہ راست تعلق ہے (اگرچہ میں داڑھی کاٹنے اور سگریٹ پینے والا سکھ ہوں) دوسرے اس لیے کہ یہ افسانہ پنجاب کے فسادوں سے متعلق تھا جن میں سے میں بھی گزرا ہوا ہوں اور ریل کی چھت پر ننگے بدن بیٹھ کر تقسیم کے وقت ہندستان پہنچا ہوں۔ اس افسانے میں عباس صاحب نے اپنے ہی طرز کی حسابی مساوات میں برابر کے سکھ اور مسلمان مارے تھے۔

لیکن اس پر بھی سکھوں کی تسلی نہ ہوئی اور مجھے اپنی قوم سے غداری کرتے ہوئے عباس صاحب کے حق میں بیان دینا پڑا۔ آخر میں عباس صاحب کی جان بچ گئی۔ اب، آپ نے بھی عباس صاحب کو پڑھا ہے، ان کی فلمیں دیکھی ہیں۔ آپ ہی فیصلہ کیجیے کہ میں نے اچھا کیا یا برا؟

جب تک عباس انڈین پیپلز تھیٹر کے دوسرے ساتھیوں سے مل کر ہندستانی فلم کلاسیک "دھرتی کے لال" بنا چکے تھے۔ نہ صرف یہ کہ "دھرتی کے لال" پہلی ہندوستانی REALISTIC فلم تھی بلکہ اس نے اپنے ملک کے سوئے ہوئے لوگوں کو جھنجھوڑا اور بیرون ملک کے باشندوں کی توجہ اس المیے کی طرف دلائی جس کا نام اس زمانے کا ہندستان تھا۔ "آج کل" بھی تکمیل پا چکی تھی۔ اس میں بھی عباس صاحب کے ان افسانوں اور ناولوں کی قسم کا ایک پیغام تھا جو تائید کی کثرت سے پیغام نہیں رہ جاتا، آدمی کو چڑا دیتا ہے۔ کیونکہ وہ اپنے آپ کو بدصورت نہیں سمجھنا چاہتا۔ "انہونی" پہلی غیر جانب دار فلم تھی جو بہت حد تک کامیاب رہی۔

تقسیم کے بعد میں بمبئی چلا آیا تو اکثر عباس صاحب سے ملاقاتیں ہوئیں۔ ہماری ترقی پسند تحریک ان دنوں شباب پر تھی۔ عباس صاحب اس کے راہبر تھے اور راہی بھی۔ کبھی انہیں اس تحریک کی زیادتی معلوم ہوتی تھی اور اکثر کمی۔ مجھے وہ دن یاد ہے جب کہ غریبوں اور ناداروں کے حق میں ایک مبلغ کی حد تک شور مچانے والے عباس صاحب کو پارٹی مینڈیٹ کے مطابق تحریک سے عاق کر دینے کی کوششیں ہونے لگیں۔ تب میں نے پہلی مرتبہ عباس صاحب کو اس قدر غصے میں دیکھا جب ان کے ہونٹ بھنچ بھی رہے تھے اور پھڑ پھڑا بھی رہے تھے۔ چہرہ لال ہو رہا تھا اور وہ تیز تیز باتیں کیے جا رہے تھے۔ آواز جو پہلے ہی کھسیائی ہوئی تھی اور کھسیا گئی لیکن پانی پت کا ہونے اور اپنے آپ کو پنجابی

کہلوانے کے باوجود عباس صاحب کے منہ سے ایک بھی گالی نہ نکلی۔ کیونکہ وہ تہذیب کا تقاضا نہ تھا۔

ان دنوں ہم "چور" کا رول ادا کر رہے تھے اور دیکھ رہے تھے کہ جس طرف پلڑا بھاری ہو، جھک جائیں۔ کچھ ہمت اور شخصیت کی کمی اور کچھ دماغی ابطال۔ بس جو اسٹالن نے کہہ دیا وہ آسمانی صحیفہ ہے۔ کبھی کبھی محسوس بھی کرتے تھے کہ یہ سیل (CELL) کیا بلا ہے؟ جس میں بیٹھے ہوئے لوگ عالم کل ہیں، ہمیں سنے بغیر ہی ہماری قسمت کا فیصلہ کر ڈالتے ہیں؟ جس کے سامنے سر جھکانا ہی پڑتا ہے ورنہ آپ تحریک سے خارج، حالانکہ آپ کی تحریک کا پارٹی سے کوئی تعلق نہیں، کم از کم براہ راست نہیں۔ اس پہ طرفہ یہ کہ غلط فیصلہ کرنے کی صورت میں بچ بھی نکلتے ہیں۔ کیونکہ وہ فیصلہ ایک آدمی کا نہیں، کئی پنچوں کا ہوتا ہے اور آپ تو جانتے ہیں پنچ پر میشور ہوتا ہے۔ پھر ہوشیاری کا یہ عالم کہ ان پنچوں میں ایک ادیب قسم کا آدمی بھی ہوتا ہے۔ ایسا آدمی جو ادب اور فن اور اس کے عوام کے لیے مفید یا غیر مفید ہونے کی سب حدیں جانتا ہے اور پھر اس قدر لوچ بھی ہے کہ برسوں بعد پارٹی لائن کے غلط ہونے پر بھی معافی مانگ سکے۔۔۔

میں تو اپنی ناسمجھی اور کمزوری کی وجہ سے خائف تھا لیکن دوسرے بھی خاموش تھے، جو مجھ سے بھی زیادہ ڈرے ہوئے تھے۔ وہ عباس صاحب کے منہ پر کھری کھری سناتے تھے اور بعد میں اس کا تذکرہ کر کر کے خوش ہوتے تھے۔ اپنی ہمت پہ خود حیران۔ لیکن عباس صاحب کو ان کی اور اپنی تحقیق کی بہ نسبت اپنے جذبے پر یقین تھا۔ اس لیے نہیں کہ وہ اسٹالن سے لے کر کیفی اعظمی تک اپنے آپ کو زیادہ قابل سمجھتے تھے، بلکہ اس لیے کہ حقیقت پر پہنچنے کے لیے ان کے پاس ایک ہی کسوٹی تھی۔۔۔ محبت۔۔۔ جسے صحیح آدمی کبھی کبھی خود بھی شک اور شبہ کی نظر سے دیکھتا ہے اور سرکس کے روپ واکر کی

طرح زندگی کے رسے پر اپنے آپ کو فکر اور جذبات کے درمیان متوازن رکھنے کی کوشش کرتا ہے۔ بہرحال اپنے آخری تجزیے میں وہی کسوٹی نسبتاً ٹھیک اترتی ہے کیونکہ اس کے پیش نظر ادب اور سیاست ریاضی کے گنجلک سوال نہیں رہ جاتے اور نہ انسان کے سیدھے سادے مسئلوں کی توضیح و تفہیم اسٹالن کے پرجز کی صورت اختیار کر لیتی ہے اور نہ چاؤ ماؤ کی طرح ہندستان پر حملے کی۔ تاکہ روس کے کان ہوں۔۔۔ چنانچہ ان سب باتوں کے باوجود عباس صاحب کے قدم اپنے رستے سے نہ ڈگمگائے۔ لیکن، جب تک، بقول شخصے، بہت سا پانی ہمارے دریاؤں میں بہہ گیا تھا۔

ہمارے دوسرے بہت سے دوستوں کی طرح عباس صاحب بھی مقصدی ادب کے قائل ہیں۔ اس سلسلے یں اگر کوئی دل اور دماغ کو ہم آہنگ کر کے لایا تو نتیجہ اچھا نکلا ورنہ محض آواز ہو کر رہ گیا، بلکہ شور۔۔۔ عباس صاحب کے کئی افسانے اور دوسری تحریریں ایسی بھی ہیں جو مؤثر نہیں ہوتیں اور اگر ہوتی ہیں تو کردار کے اعتبار سے سخت خارجی، ہنگامی پہلو لیے ہوئے، جس کے باعث ان کی گونج جلد ہی معدوم ہو جاتی ہے۔ لیکن ان کے مقصد اور دوسروں کے مقصد میں بھی فرق ہے۔ انہوں نے لڑکی کے سہارے تو ایک طرف، لکڑی کے سہارے بھی انقلاب تک پہنچنے کی کوشش نہیں کی اور نہ اس عمل میں بہت سوں کی طرح منقلب ہوئے ہیں۔ نہ انہوں نے زبان اور جمالیات کو اپنے معنی پہنائے ہیں بلکہ اپنے مقصد کی جستجو میں کچھ یوں سیدھے گئے ہیں کہ ادھر ادھر بھی نہیں دیکھا۔ حالانکہ نظروں سے راستے کی تزئین کرتے جانا عین فن ہے۔

ان کی بہت سی تحریریں پڑھ کر مجھے یوں لگا جیسے عباس صاحب بہت جلدی میں ہیں۔ انہیں ایک کام تھوڑا ہی ہے؟ سیکڑوں ہیں۔ ان کے پاس وقت نہیں اور زمانہ ہے کہ تیز سے تیز تر ہوتا جا رہا ہے اور اس کے ساتھ اپنی رفتار قائم رکھنا ایک خالص سائنسی عمل

ہے۔ میں اس بات کو فلسفیانہ سطح پر لاتے ہوئے عرض کروں گا کہ وقت کو تھامنا ہی پڑے گا۔ ورنہ ہم کچھ نہیں کر سکتے۔ جیسے ہمارے بڑوں نے مٹسون کے ذریعے گویائی تھام لی تھی اور یکسوئی اختیار کر کے کالی بھگوان کی مار سے بھی پرے چلے گئے تھے، اسی طرح کا عمل ہمیں بھی روا رکھنا ہو گا۔ ہم ادیبوں کا کاواسٹاک اور ہمارا راکٹ یہی ہے کہ جس پر سوار ہو کر مہر وماہ سے بھی اوپر جا سکتے ہیں۔۔۔ ایک دن آئے گا جب کہ جدلی مادیات کے دعویداروں کو بھی مقصد کی تحلیل اور اس کے اندرونی تضادات کو خاطر میں لانا پڑے گا۔

عباس صاحب کی نجی زندگی کے بارے میں اتنا ہی جانتا ہوں کہ ان کی بیگم۔۔۔ مرحومہ بھی ایک نہایت ہی پیار کرنے والی عورت تھیں۔ ہم ادیبوں سے وہ بھائیوں کا سا سلوک کرتی تھیں۔ جوہو میں میرا ایک کمرہ ہوا کرتا تھا، جہاں میں بیٹھ کر اپنا کام کیا کرتا۔ عباس صاحب کا گھر راستے میں پڑتا تھا۔ کبھی ان کے ہاں رکتا تو وہ بڑی شکایت کرتیں کہ قریب سے گزر جاتے ہو، آتے تک نہیں۔ ان کی وفات سے ہمیں قلق ہے، تو عباس صاحب کے بارے میں آپ اندازہ لگا سکتے ہیں۔

جنسی زندگی کے بارے میں عباس صاحب کا نظریہ ایک عام، نارمل مہذب آدمی کا نظریہ ہے۔ وہ زندگی کے اس حصے کو بالکل منفرد سمجھتے ہیں۔ انگریزی قول کے مطابق نہ تو وہ کسی کے گندے کپڑے پبلک میں دھوتے ہیں اور نہ اپنے دھونے دیتے ہیں۔ مطلب، اگر ان کے پاس ایسے کپڑے ہیں تو۔۔۔! (ضرور ہوں گے)

ایک چیز جس نے عباس صاحب کے سلسلے میں مجھے ہمیشہ درطہ حیرت میں ڈالا ہے، وہ ہے ان کے کام کرنے کی حیرت انگیز طاقت و قوت۔ کہانی لکھ رہے ہیں اور ناول بھی۔ قومی یا بین الاقوامی سطح پر فلم بھی بنا رہے ہیں اور صحافت کو بھی سنبھالے ہوئے ہیں۔ بلٹز

کا آخری صفحہ تو بہر حال لکھنا ہی ہے، لیکن ساتھ ہی خروشچوف کی سوانح بھی ہو گئی۔ پنڈت نہرو سے بھی مل آئے جن سے عباس صاحب کے ذاتی مراسم ہیں۔ پھر پینتیس لاکھ کمیٹیوں کا ممبر ہونا سماجی ذمہ داری کا ثبوت ہے۔ اور یہ بات ممبر شپ تک ہی محدود نہیں۔ ہر جگہ پہنچیں گے بھی تقریر بھی کریں گے۔

پورے ہندستان میں مجھے اس قسم کے تین آدمی دکھائی دیتے ہیں۔۔۔ ایک پنڈت جواہر لال نہرو، دوسرے بمبئی کے ڈاکٹر بالیگا اور تیسرے خواجہ احمد عباس۔ جن کی یہ قوت اور استعداد ایک عام آدمی کی نہیں۔ چنانچہ جب میں نے ایک بار عباس صاحب کے سامنے اس حیرت کے جذبے کا اظہار کیا تو انہوں نے معمول کے رسمی انکسار سے ٹال دیا اور بولے، "جبھی تو ہر بات میں پتلا پن ہے" اور پھر مسکرا کر میری طرف دیکھتے ہوئے بولے، "آج کل کیا لکھ رہے ہو؟"

بیچ میں کسی نے ٹوک دیا۔ اس لیے عباس صاحب نے میری آنکھیں نہ دیکھیں جو نمناک ہو گئی تھیں۔ ان سے میری پہلی ملاقات اور اس ملاقات میں بیس پچیس برس کا وقفہ آچکا تھا اور میں اپنے بارے میں کم بات کرنا سیکھ چکا تھا۔

(۶) تُرکِ غمزہ زن (اوپندر ناتھ اشک پر خاکہ)

1936 کی بات ہے، منشی پریم چند کی وفات کے سلسلے میں لاہور کے ایک مقامی ہوٹل میں تعزیتی جلسہ ہوا۔

میری ادبی زندگی کی شروعات تھی۔ مشکل سے دس بارہ افسانے لکھے ہوں گے جو کہ معمول کی دِقّتوں کے بعد آہستہ آہستہ ادبی رسالوں میں جگہ پانے لگے۔ ہم نئے لکھنے والوں کی کھیپ منشی جی سے اثر پذیر تھی، اس لیے ہم سب کو محسوس ہو رہا تھا کہ ہمارا مجازی باپ چلا گیا۔ چنانچہ اپنا غم دوسروں کو دکھانے، دوسروں کے غم کو اپنا بنانے کے لیے بھی جلسے میں پہنچ گیا۔ ایک خیال یہ بھی تھا کہ جائز اور حقیقی وارثوں سے ملیں گے جن سے غائبانہ تعارف تو تھا لیکن سامنے کی ملاقات نہ تھی۔

جلسہ شروع ہوا۔ کم ہی ایسا ہوتا ہے کہ اچھا لکھنے والے اچھی تقریر کر پائیں۔ کچھ لوگوں نے بہت ہی اچھی تقریریں کیں اور میں سمجھ گیا۔ اس جلسے میں ایسے بھی تھے جنھوں نے چھاتی پیٹ پیٹ کے محرّم کا سماں پیدا کر دیا تھا۔ یہ سب "پرچے بیچنے" والے تھے، جنھیں یوں الفاظ کے خاک و خون میں غلطاں دیکھ کر مجھے شر بنا چٹر جی کے کردار دیو داس کی یاد آگئی، جو اپنے باپ کی موت پر گھر کے ایک کونے سے لگا رسمی آہ و بکا کرنے والوں کو اپنے دنیا دار بھائی کی طرف یہ کہہ کر بھیج دیتا ہے—"اُدھر!"

جلسے میں کچھ لوگ اِدھر والے بھی تھے۔ ان میں سے ایک اُٹھا۔ سانولے رنگ کا دیوار کے ساتھ گڈی لگی، سلیٹ کا سا ماتھا، تُشار کانتی گھوش کے سے بال،

آنکھوں پر ہیرلڈ لائیڈ کا سا چشمہ ، دھوتی کرتے میں اوپر مسجد ، نیچے ٹھاکر دوار۔ تھکا تھکا۔ مضمحل۔ مرنے سے برسوں پہلے مرا ہوا۔

" میں کچھ کہنا چاہتا ہوں !" اُس نے اپنی ڈُڈّی انگلیوں کو انگوٹھے کے ساتھ لگاتے ہوئے، ہاتھ صاحب صدر کی طرف بڑھاتے ہوئے، کہا۔

صاحبِ صدر نے اجازت دی بھی نہ تھی کہ اُس نے میز پر پہنچ کر ایک کرخت آواز ، ایک بھونڈے لہجے میں [بولنا] شروع کیا۔ معلوم ہوتا تھا کہ پنجابی ہتھوڑے سے ہندی اور اردو کے کوبڑ نکال رہا ہے۔ ابھی لندن کے لیے روانہ ہوا، کلکتہ پہنچ گیا۔ پھر لوگوں نے دیکھا، یہ تو کوئمبٹور میں گھوم رہا ہے، پھر دلّی میں ہے، جبھی کسی خیالی جیٹ میں بیٹھ کر منزل پر پہنچ گیا۔ تقریر کیا تھی، ایک ایسے آدمی کی چال تھی جو غم کے مارے زیادہ پی گیا ہو۔ لیکن اُسے کسی کی پروانہ تھی۔ وہ "نالہ پابندِ نَے نہیں ہے" کے سے انداز میں بولا چلا جارہا تھا اور معلوم ہوتا تھا کہ میز کے ایک طرف کھڑا وہ کل عالم کا باپ ہے اور ارد گرد کے سب لوگ اس کے بچے بالے ہیں، جو کھیل رہے ہیں اور انھیں کھیلنے دینا چاہیے۔۔۔

ان سب باتوں کے باوجود اس کی تقریر میں ایک اثر تھا، کیوں کہ وہ اُس دل سے آئی تھی جو صَرف و نحو کے قواعد سے ناواقف ہوتا ہے۔ اس میں ایک درد تھا اور ایک کلبلاہٹ تھی جو صرف طبّاعوں کے حصّے میں آتی ہے ، اور جس کا غیر منطقی منطق " پرچہ بیچنے " والوں کو حیران کیا کرتا ہے۔ وہ اُن خطوط کا حوالہ دے رہا تھا جو منشی جی نے اپنی حیات میں لکھے تھے اور جس میں رہنمائی اور عقدہ کشائی کی بہ نسبت اپنے ہم مشرب سے جذباتی یگانت [یگانت] کا اظہار زیادہ تھا اور جو خط، اس ماتمی لمحے میں محض خط سے بڑھ کر اب ایک خزانہ ہو چکے تھے۔

یہ اشک تھا۔ اس سے پہلے میری اشک سے ملاقات تک نہ ہوئی تھی۔ میں نے اس

کو سدرشن کے رسالے "چندن" میں پڑھا ضرور تھا، لیکن دیکھا نہ تھا۔ یہاں تک کہ اس کی کوئی تصویر بھی میری نظر سے نہ گزری تھی۔ جو لوگ اشک کو جانتے ہیں، کہیں گے یہ ہو ہی نہیں سکتا۔ اشک تو تصنیف و تالیف کے ساتھ تشہیر کا بھی قائل ہے اور اس لکھنے والے کو بیوقوف اور جاہل سمجھتا ہے جو صرف لکھنا ہی جانتا ہے۔ بعد میں میں نے بھی دیکھا کہ اشک نہایت بے تکلّفی سے اپنی کوئی اُلٹی سیدھی تصویر ایڈیٹر یا کسی ناشر کے گلے منڈھ دیتا ہے جو اس غریب کو چھاپنی ہی پڑتی ہے، اور کیا تصویر ہوتی ہے !— سامنا ایک چوتھائی ، تین چوتھائی پر وفائل جس میں زلفیں کاندھوں پر بکھری ہوئی ہیں، یا اگر شیو بنی ہے تو سر کے بالوں کو بڑی صفائی سے کنڈلوں میں ڈال رکھا ہے۔ کچھ دیر دیکھنے پر یقین ہو جاتا ہے — مرد ہے — ابھی ننگا ہے۔ ابھی ڈھانپے ہوئے۔۔۔ ایک منٹ ایک پرچہ ، ایک کتاب ! پہلے سر پر گاندھی ٹوپی تھی تو اب فلٹ ہیٹ ہے جو سر پر عمداً ٹیڑھی رکھی ہے اور بانکا لگ رہا ہے۔ اس پر ستم یہ کہ خود بھی مسکرا رہا ہے ۔۔۔ یا سر پر قرہ قلی ہے اور آنکھیں ادھ کھلی۔ ترکِ غمزہ زن معلوم ہو رہا ہے ، جو اس کے ہزاروں پڑھنے دیکھنے والوں کو کھل رہا ہے۔ اس پر بھی جو دل میں گھر کیے ہوئے ہے۔ حافظ کے الفاظ میں دل کے نہاں خانے میں آرام کر رہا ہے اور خلقت کو گمان ہے کہ وہ محفل میں بیٹھا ہے۔۔۔ میں جو ڈاڑھی کو کسی دشمن کے چہرے پر دیکھنا چاہتا ہوں اور اس ڈر کے مارے آئینہ نہیں دیکھتا، اشک کے چہرے پر فرانسیسی طرز کی بکروٹی دیکھ رہا ہوں۔ اس کے بعد اشک کی شکل کسی تصویر میں کیا ہوگی، یہ کسی کو نہیں معلوم، خود اشک کو بھی نہیں معلوم، کیونکہ تلوار کی دھار کے سے من، چانکیہ کی سی بُدھّی اور دور پہنچنے والی نگاہوں کے باوجود، اشک اس لمحے کا پورا احترام کرتا ہے جس میں وہ اس وقت جی رہا ہو۔ وہ صرف حواس سے ہی زندگی کا لطف نہیں لے

رہا، اس میں شعور بھی پورے طریقے سے شامل ہے۔ معلوم ہوتا ہے حال اور قیل و قال کے سلسلے میں اگر کرشنا مورتی کو کسی نے غلط پڑھا ہے تو اشک نے۔ ہو سکتا ہے اگلی تصویر میں وہ جوگیا بانا پہنے ہوئے ہو۔ اور ایک ہاتھ سے دیکھنے والے کی طرف "چھو" بھی کر رہا ہو۔ یہیں پر بات ختم نہیں ہو جاتی۔ وہ تصویر ایسے ناول کا بھی حصّہ ہو سکتی ہے، جو سر تا سر پھول کی پتّی ہو اور جس سے ہیرے کا جگر بھی کٹ سکے۔

شاید کوئی ازلی دوستی تھی یا ابدی رشتہ قائم ہونے والا تھا کہ اشک سے متعارف ہوئے بغیر مجھے یقین ہو گیا کہ یہ شخص اشک کے بغیر اور کوئی نہیں ہو سکتا۔ اُس دور کے سب لکھنے والوں میں سے جو آدمی منشی جی کے قریب تھا اور اُن سے ہم رنگ تھا، وہ اشک تھا۔ منشی جی نے اپنی زندگی میں دوسروں کو بھی خطوط لکھے ہوں گے، لیکن جن خطوط کا اشک حوالہ دے رہا تھا، اُن کا مضمون ہم مشربی کی طرف اشارہ کرتا تھا۔۔۔ جلسہ برخواست ہوا۔ میں ان دنوں پوسٹ آفس میں کلرک کی حیثیت سے کام کرتا تھا، اس لیے پبلک کی شکایتوں سے بہت ڈرتا تھا۔ چنانچہ آہستہ آہستہ ڈرتے ڈرتے میں اشک کے پاس پہنچ گیا۔ وہ ایک ایڈیٹر صاحب کے ساتھ بحث میں الجھا ہوا تھا۔ بحث کے خاطر بحث کرنا اشک کا آج تک شیوہ ہے۔ یہ بات نہیں کہ جو وہ کہنا چاہتا ہے اس میں وزن یا دلیل نہیں ہوتی۔ سب کچھ ہوتا ہے اور نہیں بھی ہوتا۔ لیکن اشک تو اس میں سے ایک خاص قسم کا مچھندری مزا لیتا ہے اور اس سلسلے میں بحث و تمحیص کے سب حربے استعمال کرتا ہے۔ ایک آدمی ابھی مدّلل گفتگو کر رہا ہے لیکن اشک اس سے یہ کہہ کر کہ ہم شاید دو مختلف چیزوں کی بات کر رہے ہیں، اسے ایسی سوچ، ایسی گھبراہٹ میں ڈال دیتا ہے کہ گفتگو کرنے والے کی ریل صاف پٹری سے اتر جاتی ہے۔ پھر آپ جانتے ہیں کہ ایک بار ریل پٹری سے اتر جائے تو کیا ہوتا ہے۔ مخالف تلملاتا ہوا رہ جاتا ہے۔ اگر وہ ہوشیار ہو اور

خلطِ مبحث ہونے دے تو [اشک] آپ کو ٹھہا کا مار کر ہنستا ہوا اور کہتا ہوا ملے گا " تم تو یار سنجیدہ ہو گئے !" ابھی وہ پورے طریقے سے سمجھ بھی نہ سکا کہ اشک اس کا ہاتھ پکڑ کر بڑے پیار سے کہہ رہا ہے " در اصل جو بات تم کہہ رہے ہو ،وہی میں بھی کہہ رہا ہوں۔ صرف لفظوں کا ہیر پھیر ہے۔۔۔" اس کے بعد اور کیا ہو سکتا ہے سوائے اس کے کہ دوسرا آنکھیں جھپکتا رہ جائے اور اپنے آپ کو بیوقوف سمجھنے لگے یا پھر خفا ہو جائے کہ مجھ سے خواہ مخواہ زبان کی ورزش کرائی گئی۔ نتیجہ ہر دو صورت میں وہی ہوتا ہے۔ کوئی خفا ہو تو میدان اشک کے ہاتھ میں اور خوش ہو تو اشک کے ہاتھ میں۔ چِت بھی اشک کی اور پٹ بھی اشک کی ۔۔۔ جب میں دھیرے دھیرے سرکتا ہوا اشک کے پاس پہنچا تو بحث کرنے والے ایڈیٹر کا بگل بج چکا تھا۔ اب میری باری تھی۔ میں نے آگے بڑھتے ہوئے کہا۔

"اشک صاحب!"

ایک دم گھوم کر اشک نے اپنی نظریں مجھ پر گاڑ دیں اور میرے آر پار دیکھنے لگا۔ آپ اندازہ کیجیے، اگر میرے کمرے میں عام روشنی کی بجائے رونتجن شعاعیں(X-RAYS)ہوں تو بڑے سے بڑا رومانی منظر بھی کیا ہو گا۔ یہی نا کہ کھوپڑی سے کھوپڑی ٹکرا رہی ہے۔ ایک ڈھانچے کا بازو اٹھا اور دوسرے ڈھانچے کے گلے میں پیوست ہو گیا اور معلوم ہوا کہ صنفِ مخالف کو ہم آغوشی کے لیے نہیں، گلا گھونٹنے کے لیے اپنی طرف کھینچا جا رہا ہے اور پھر گلا بھی کہاں ؟۔۔۔ میں نے کہا—"بڑی مدّت سے میری تمنّا تھی کہ اشک صاحب۔۔۔"

"آپ—؟" اور پھر اگلے ہی لمحے وہ کہہ رہا تھا۔ "تم کہیں راجندر سنگھ بیدی تو نہیں؟" ایکا ایکی جیسے میں اپنا نام بھول گیا یا کم سے کم یہ ضرور محسوس ہوا کہ راجندر سنگھ

بیدی کوئی دوسری شخصیت ہے، جسے میں نہیں جانتا ہوں۔ جبھی اپنے آپ میں آتے ہوئے میں نے کہا "ہاں اشک صاحب، میرا ہی نام راجندر سنگھ بیدی ہے۔"

انسان کی انا کہاں تک پہنچتی ہے۔ در اصل یہ دنیا کتنا بڑا جنگل ہے۔ کتنا بڑا صحرا، جس میں وہ کھویا کھویا پھرتا ہے اور ہر دم یہی چاہتا ہے کہ کوئی بھی اسے پہچانے، کوئی بھی اس کا نام پکارے اور جب ایسا ہو جائے تو اسے کتنی بڑی خوشی ہوتی ہے۔ ایک بچہ تو دھیرے دھیرے اپنا نام سیکھتا ہے، اپنی ذات کو دوسروں سے الگ کرکے دیکھنے لگتا ہے، لیکن بڑا ہو کر اپنے مجازی نام کو پالینے کے بعد اپنے حقیقی نام کے لیے کتنی دوڑ دھوپ کرتا ہے اور پہچانے جانے کے بعد وہ اپنے نام کو اسمِ اعظم سے الگ کرکے نہیں دیکھ سکتا۔ پھر اس میں جذب ہو جانے کی تمنّا کے باوجود اپنی ایک انفرادیت بھی رکھتا ہے۔ اگر میں نے اشک کو ملے بغیر اسے پہچان لیا، تو اس نے بھی ایک ہی نظر میں مجھے جان لیا۔۔۔ میں پھر ایک چھوٹا سا ادیب، اور ایک اتنا بڑا ادیب مجھے میرے نام سے جانتا ہے۔۔۔ یہی نہیں اس نے میری ایک دو کہانیوں کا ذکر بھی کر دیا، جو ان دنوں تھوڑے تھوڑے وقتی فرق کے ساتھ لاہور کے رسالوں میں چھپی تھیں۔۔۔ وہ ان کی تعریف بھی کرتا تھا۔۔۔ کیا یہ سچ ہے؟ اس لق و دق ویرانے میں مجھ بے بضاعت ڈاک خانے کے ایک بابو کے لیے بھی جگہ ہے؟۔۔۔

جگہ تھی یا نہیں۔ اِس وقت بھی ہے یا نہیں۔ اس سے بحث نہیں۔ اشک جسے پسند کرتا ہے اُسے تسلیم بھی کرتا ہے اور نام و نمود کی اس دنیا میں اس کے لیے جگہ بنانے کی شعوری کوشش بھی۔ یہ بات ہے جو میں نے اشک میں بدرجۂ اتم پائی ہے۔ آج جب میں اپنے پیچھے ادبی زندگی کے تیس سال دیکھتا ہوں تو ندامت سے اپنی گردن جھکا لیتا ہوں۔ میں نے تو کسی نئے لکھنے والے کی مدد نہیں کی۔ میں بھی اشک کی طرح ان کی تعریف کر

سکتا تھا، تنقید کر سکتا تھا اور ان کے لیے راستہ آسان کر سکتا تھا۔ لیکن میں میں ہوں اور اشک اشک۔ آج بھی، جب میں اشک سے ملتا ہوں تو اسے کسی نئے لکھنے والے کا نام لیتا ہوا پاتا ہوں۔ مجھے اچنبھا ہوتا ہے۔ وہ محبت جو انسان چوبیس گھنٹے اپنے ساتھ کرتا رہتا ہے، نفرت سے بدل جاتی ہے اور چونکہ آدمی ہر حالت میں اپنے آپ سے پیار کرنا چاہتا ہے، اس لیے اشک سے آدمی چڑ جاتا ہے۔ میری اس کمزوری کی وجہ کیا ہے؟ شاید میرے لیے اسے سمجھانا مشکل ہے اور کسی کے لیے سمجھنا مشکل۔ آسانی کے لیے صرف اتنا کہوں گا ۔۔۔ مجھے شروع ہی سے ایک احساسِ کمتری ہے۔ باوجود کوشش کے، دوسروں کی تحسین و تسلیم کے، میں اسے نہیں جھٹک سکا۔۔۔ جیسے مجھے اپنے آپ پر یقین نہیں؟ کیوں یقین نہیں؟ اسے جاننے کے لیے کسی کو میری زندگی جینا پڑے گی اور اشک کو کیوں یقین ہے ،اس کے لیے اشک کی زندگی جینا پڑے گی۔

اگلے ہی لمحے ہم دو دوستوں کی طرح باتیں کر رہے تھے، جیسے برسوں سے ایک دوسرے کو جانتے ہوں۔۔۔ شاید گرمیوں کا موسم تھا اور ایک غبار سا چھایا ہوا تھا۔ نیچے کی دھول اور گرد تھی، جو کچّے علاقوں سے بے شمار گھوڑوں کی ٹاپ سے یا بے لگام ہوا کے ساتھ اوپر چلی آئی تھی اور ریزہ ریزہ نیچے آرہی تھی۔ ہم پیدل چل رہے تھے۔ اشک باتیں کر رہا تھا اور میں سن رہا تھا۔ وہ بہت باتیں کرنا چاہتا تھا۔ ایسا کیوں؟ اس کی وجہ مجھے بعد میں پتا چلی۔ اس وقت ہماری باتیں ایک نئے شادی شدہ جوڑے کی سی باتیں تھی، جو رات بھر ایک دوسرے کو کچھ کہتے سنتے رہتے ہیں اور دوسرے روز اپنی ہی باتوں کا "تات پریہ" (مطلب) نہ پاکر حیران ہوتے ہیں۔ پیدل چلتے باتیں کرتے ہوئے ہم انارکلی کے قریب پہنچ گئے، جہاں اشک نے مجھے اپنا گھر دکھایا۔

اشک کا گھر انارکلی بازار سے ہٹ کر پیچھے ایک گنجان آباد گلی میں تھا، جس میں اکثر

عورتیں اپنے مکان سے ایک دوسرے کے ساتھ باتیں کرتی سنائی دیتی تھیں۔ "بھابو، آج تیرے یہاں کیا پکا ہے؟" اور وہ جواب میں کہتی " آج کچھ نہیں پکا۔ یہ باہر کھانا کھا رہے ہیں نا۔ تو دال ایک کٹورے میں بھیج دینا۔۔۔" اور کہیں آپ بے خبر جا رہے ہوں تو اوپر سے کوڑا گرتا ہے اور آپ کی طبیعت تک صاف کر دیتا ہے۔ گلی میں اتنی جگہ نہیں کہ کوئی اچھل کر ایک طرف ہو جائے۔ کوئی لڑکا کوٹھے میں کھڑا سامنے کی کھڑکی میں جھکی ہوئی لڑکی کا ہاتھ پکڑ کر اس کی ہتھیلیاں کھجلا دیتا ہے، جو لاہور کا عام منظر ہے اور جس سے پتا چلتا ہے کہ عشق کے لیے لاہور شہر سے بہتر دنیا میں کوئی جگہ نہیں۔۔۔ اور اسی گلی میں اشک رہتا ہے۔ اگر چہ اشک اور عشق کی ہجّوں میں فرق ہوتا ہے لیکن یہ معلوم ہوتا ہے کہ بات گھوم پھر کر وہیں پہنچتی ہے۔ کیا خبر کب عشق، اشک میں بدل جائے یا اس کا الٹا ہو جائے۔۔۔ اشک کا مکان دو منزلہ تھا۔ اس کی اوپر کی منزل پر اشک کے دندان ساز بھائی ڈاکٹر شرما بیوی بچوں کے ساتھ رہتے تھے اور نیچے اشک اور اس کا کتب خانہ۔ کام کرنے کی جگہ ۔۔۔ جہاں پہنچنے کے لیے دُبلے کی جنت اور موٹے کی دوزخ قسم کی سیڑھیوں پر سے ہو کر جانا پڑتا تھا۔ ایک رسّہ تھا جو لوگوں کے ہاتھ لگ لگ کر میلا ہو چکا تھا اور جسے پکڑ کر نہ چلنے پر لڑھک جانے کا ڈر تھا۔ اس تنگ و تاریک مکان میں اشک رہتا تھا۔ یہیں وہ آرٹسٹ کے وشی واشی (Wishy Washy) انداز میں لکھتا۔ کاٹتا۔ پھر لکھتا۔ پہلے نقش کو مٹا کر دوسرے نقش کو بنانے لگتا۔ لکھنا اس کے لیے عادت تھی اور عبادت بھی، جو زندگی کے پرے تھی، تو موت کے بھی پرے۔

اشک چھوٹی عمر میں اپنی روزی کمانے لگا۔ اس کے والد اسٹیشن ماسٹر تھے جنھیں شراب پینے اور گھر سے بے پرواہونے کی عادت تھی۔ وہ گھر کی طرف رجوع بھی کرتے تو کسی تادیبی کارروائی کے لیے۔ بیوی سے لڑ رہے ہیں، اس پر گرج رہے ہیں یا کسی بچے کو

الٹا لٹکا کر اسے بید سے مارا جا رہا ہے۔ ان کی شکل جابر تھی اور عقل بھی جابر، جو فیصلہ ہو گیا اٹل ہے۔ اس زبردست شخصیت والے مرد کے ساتھ ایک گائے صفت عورت کی شادی ہوئی، جو اشک کی ماں تھی۔ اپنے مرد کے ظلم نے، جس کے چہرے پر ایک مظلومیت دوام کر دی تھی۔ اشک کی تحریروں میں گھریلو نزع کے ساتھ ساتھ اپنے ماں باپ کے متضاد کردار بھی آتے ہیں۔ یہ اس زبردست شخصیت والے باپ ہی کی وجہ سے تھا کہ اشک نے زندگی میں اپنی جگہ پانے کے لیے باپ کی عاطفت کا سایہ چھوڑ دیا۔ بیٹے نے چیلنج دیا۔ باپ نے قبول کیا اور دونوں جیت گئے۔ کیونکہ زندگی کی منقلب ہواؤں اور جھکّڑوں سے ٹکّر لینے والا، خود دق کے عارضے میں مبتلا ہو کر موت کا منہ چڑاتا ہوا بچ کر نکل آنے والا، ناداری اور تِس پہ دوستوں اور عزیزوں کی بے رخی کے باوجود، معاصرانہ تعصّب سے پٹے ہوئے شہر الٰہ آباد میں نشرو اشاعت کا کاروبار مستحکم کرنے والا، ایسے ہی باپ کا بیٹا ہو سکتا تھا۔

اشک کے ماں باپ، چھ بیٹے اس دنیا میں لائے اور سب کے سب نر۔ جالندھر [کے] مردم خیز خطّے میں جنھوں نے پرورش پائی۔ جہاں کا ہر آدمی شاعر ہے یعنی مغنّی۔ جہاں سال کے سال ہر بلّب کا میلا ہوتا ہے اور پورے ہندوستان سے پکّا راگ گانے والے چلے آتے ہیں اور گاتے ہوئے ڈرتے ہیں، کیونکہ اس شہر کا بچہ بچہ "پدپابان" ہے جو سیدھا کلیجے میں لگتا ہے۔ جانتا ہے کہاں کوئی سُر غلط لگ گیا۔ پھر وہ لحاظ تھوڑا ہی کرے گا۔ جہاں کہیں بھی کونے میں بیٹھا ہے، وہیں سے پکار اٹھے گا اور برسوں اپنے یا اپنے استاد کے سامنے گھٹنے ٹیکنے اور سنگیت سیکھنے کی دعوت دے گا۔ سردیوں کی رات کو الاؤ کے گرد بیٹھ کر وہ بیت بازی کرے گا، جو صبح تک چلے گی۔۔۔ اس شہر کا ہر بشر اپنے آپ کو طبّاع سمجھتا ہے اور اس کی طبّاعی کو تسلیم نہ کیا جائے تو ایک ہاتھ ہے، جو سیدھا نہ

ماننے والے کی پگڑی کی طرف آتا ہے، پھر گالیوں اور مار پیٹ تک نوبت آسکتی ہے۔۔۔ یہ چھوؤں بھائی اس شہر کی پیداوار تھے اور یہ حیرت کی بات نہیں کہ ان میں سے ہر ایک، ایک مسلّمہ فرد تھا۔ ایسے تشخّص کے حامل جس سے وہی انکار کرے، جس کی شامت آئی ہو۔ معلوم ہوتا ہے گھونسا بھی دلیل کا ایک حصّہ ہے۔ اگر کسی وجہ سے وہ گھونسا نہ تان سکے تو یوں ہی شور مچا رہا ہے۔ مکان سے "مر گیا" اور " مار دیا " کی آوازیں آرہی ہیں اور لوگ اس کان سے سن کر اس کان سے نکال دیتے ہیں۔ ایک دن کی بات ہو تو کوئی کچھ کرے بھی ، ہر روز اس مکان سے کوئی نہ کوئی گرج سنائی دیتی ہے۔ چھوٗ ں کے چھوٗں شیر۔ کوئی بڑا اپنے وزن سے دوسروں کو دبالے، پیٹ ڈالے، لیکن چھوٹا بھی گرجنے سے باز نہیں رہ سکتا۔ کچھ نہیں تو زخمی ہو کر چلّا رہا ہے، شور مچا رہا ہے۔ شور کے بنا کوئی بات نہیں ہو سکتی۔ چاروں طرف ایک ہڑبونگ سی مچی ہے۔ دو اِدھر آرہے ہیں۔ تین اُدھر جارہے ہیں۔ کچھار سے نکل رہے ہیں کچھار میں داخل ہو رہے ہیں۔ خون بہہ رہا ہے، مرہم پٹّی ہو رہی ہے۔ اس لیے مارا جارہا ہے کہ مار کیوں کھائی ہے اور سب کی گرج اور ایک پاٹ دار آواز ایک اور بڑی گرج میں دب جاتی ہے "چپ!"— یہ پتاجی کی آواز ہے۔ ایک شیر ببر کی گرج، جسے سُن کر پورے جنگل میں خاموشی چھا جاتی ہے۔ اس گیر کے بیلے (Gir Forest) میں کوئی لومڑی نہیں ہے۔ گائے ماں کانپتی رہ جاتی ہے، جب کہ پتاجی بوتل کھول کر بیٹھ جاتے ہیں، برائی کرتے ہیں لیکن براہمن ہونے کے ناطے بھول بخشوانا بھی جانتے ہیں۔ گارہے ہیں— "شاماجی اوگن چت نہ دھرو۔"

اشک کے پتا کو اپنے براہمن ہونے پر ناز تھا۔ وہ اُس پرش رام کی اولاد تھے جس نے ہاتھ میں کلہاڑلے کر اکّیس بار کشتریوں کا ناش کیا تھا۔ کشتری، لڑنا اور مارنا جن کا پیشہ تھا اور جو کسی کے سامنے نہ دب سکے، آج بھی پرش رام کی اس اولاد سے دبتے ہیں۔ معلوم

ہوتا ہے اشک کے پتا کا شراب پینے کا عمل، ایک دو بچوں کے بعد اور تیز ہو گیا۔ اچھے بھلے سریندر ناتھ، رویندر ناتھ کے نام رکھتے ہوئے سیدھے پرشورام تک پہنچ گئے۔ جو اِن چھے بھائیوں میں تیسرا تھا۔ اس کی وجہ یہ تھی کہ وہ جالندھر کے اُس محلّے میں رہتے تھے جہاں کشتریوں کی برہمنوں کے ساتھ ہمیشہ ٹھنی رہتی تھی۔ برسوں پہلے کھشتریوں نے مل کر سرِ بازار اشک کے پاگل بابا کو پیٹا تھا۔ جب کے ان ہاں کی عورتیں، جن میں اشک کی ماں بھی تھی، سانس روکے ہوئے دیکھتی رہ گئی تھیں۔ جبھی سے ایک عزم تھا جو اشک کی بظاہر مرنجاں مرنج ماں کے دل میں بیدار ہو گیا تھا اور یہ اس عزم کی وجہ ہی تھی جس کارن نئے پیدا ہونے والے بچے کا نام پرشورام رکھا گیا۔ بچپن ہی سے اس بچے سے کہا گیا۔۔۔ ارے !تو پرشورام ہو کر روتا ہے جس نے کشتریوں کے کُل کا ناش کر دیا اور آنکھ تک نہ جھپکی، اور وہ بچہ روتے روتے خاموش ہو جاتا اور سوچنے لگتا، وہ بڑا ہو کر کھشتریوں کی بیخ کنی کرے گا۔ اگلے بیٹے کا نام اشک کے ماں باپ نے اندرجیت رکھا۔ براہمن راون کا سپوت ،دیوتاؤں پہ حکم چلانے، ان کو جیتنے والا، کھشتری لکشمن کو برچھا مار کر اسے مور چھا گت کرنے والا۔۔۔ اشک کے ماں باپ کا بس چلتا تو پوری رامائن نئے سرے سے لکھتے، جس میں ثابت ہوتا کہ راون ہیرو تھا اور رام چندر ایک ولین!

اشک کے والدین کے یہاں آٹھ اولادیں ہوئیں، ان میں سات لڑکے تھے اور ایک بیٹی، جو پیدا ہونے کے کچھ دنوں بعد مر گئی۔ اشک کی ماں کے بارے میں جوتشیوں نے کہا تھا کہ وہ "سات پوتی" ہے۔ اوّل تو اس کے بیٹی ہو ہی نہیں سکتی، اگر ہو گئی بھی تو زندہ نہ رہے گی۔ چنانچہ یہی ہوا۔ لڑکے ہی لڑکے چلے آئے اور ایسی تعلیم کے سہارے ایک سے ایک دبنگ۔ ایک سے ایک لڑاکا۔ دنیا کی تاریخ میں پٹھانوں کی بدلہ کشی مشہور ہے کیونکہ وہ اپنی مخاصمتوں کو اولادوں تک منتقل کر دیتے ہیں۔ لیکن اشک کے والدین

ان سے کم نہ تھے۔ آخر ایک روز آیا جب کہ ان بھائیوں نے مل کر پورے محلّے کو پیٹ پیٹ کر اسپتال میں بھجوا دیا۔ اکیلے پر شورام نے مار مار کر سب کے پرخچے اڑا دیے۔ اگر چہ وہ خود بھی زخمی ہوا اور قانونی شکنجے میں پھنس گیا، لیکن سب کو خوشی اس بات کی تھی کہ پاگل بابا کی روح کہیں آسمانوں میں دیکھ کر خوش ہو رہی ہو گی!

سو یہ سب تھے اشک کے ڈرامے "چھٹا بیٹا" کے کردار۔ اشک ان بھائیوں میں سے دوسرا تھا۔ پھر تو گھر میں بھابیاں آنا شروع ہوئیں۔ شیروں کے پاس بکریاں بندھنے لگیں۔ اب آپ ہی بتائیے وہ کیا کھاتیں کیا پیتیں؟ اس آپسی مار دھاڑ، گھر کے ہنگامے میں وہ کھا پی بھی لیتیں تو کیا بدن کو لگتا؟ انار کلی والے مکان سے پہلے اشک اور ان کے بڑے بھائی چنگڑ محلّے کے ایک تنگ و تاریک کمرے میں رہتے تھے، جس میں تازی ہوا کے بجائے، وہ ایک دوسروں کی سانسوں میں جیتے۔ اس حیرت آباد میں عورتیں نے بہت کیا تو رو لیا، نہیں تو ـــ

گھٹ کے مر جاؤں یہ مرضی مرے صیّاد کی ہے

اشک کی بیوی شیلا جب بیاہی آئی تو گندمی رنگ کی ایک گول مٹول لڑکی تھی، جو بات بات پر ہنستی رہتی تھی۔ اس گھر کے ماحول میں اس کا دم گھٹنے لگا، لیکن وہ اپنی پہلی فرصت میں کھکھلا اٹھتی۔ معلوم ہوتا تھا کہ کوئی بات بھی اس کی ہنسی کو نہ (نہیں) دبا سکتی۔ میں شیلا سے ملا تو نہیں، البتّہ اشک کے لاہور والے کمرے اور بعد میں الہٰ آباد میں اشک کے گھر، اس کے بڑے بیٹے اُمیش کی خواب گاہ میں شیلا کی تصویر ضرور دیکھی ہے، جس میں وہ ہنس رہی ہے۔ موت بھی اس ہنسی کو نہ دبا سکی۔۔۔ جس زمانے میں یہ لوگ چنگڑ محلّے کے کمرے میں رہتے تھے تو شیلا بیمار ہو گئی اور ڈاکٹروں نے تپِ دِق کی تشخیص کر دی۔

اشک ان دنوں بہت مشغول تھا۔ وہ اپنی تحریروں کو ٹوہ ٹوہ کے دیکھ رہا تھا۔ انھیں

بازار لے جارہا تھا۔ یہ دیکھنے کے لیے کہ بکتی ہیں کہ نہیں۔ کچھ بک سکیں اور کچھ نہیں۔ کچھ پیسے وصول ہوئے، بیشتر مارے گئے، لیکن اپنی تحریروں کے بل بوتے اُسے روزانہ اخبارویر بھارت اور پھر بندے ماترم کی سب ایڈیٹری مل گئی۔ فرصت کے لمحوں میں وہ Ghost Writing کیا کرتا۔ اس کے لکھے ہوئے ہدایت نامے لاکھوں کی تعداد میں بکے ، لیکن چند ٹکلیوں کے سوا اشک کے ہاتھ میں کچھ نہ آیا۔ پھر گھر میں ایک اور واقعہ ہو گیا۔ شیلا کی ماں کو اپنی بیوگی نبھانے کے سلسلے میں لاہور کے کسی امیر کے ہاں گھر کے چوکا برتن کے لیے ملازم ہونا پڑا، جس سے شیلا کے جذبات بسمل ہو گئے اور اس کے کارن اشک کو جو ٹھیس پہنچی، اس نے فیصلہ کر لیا کہ سماجی طور پر شیلا کو ایسا مرتبہ اور مقام دے گا جس سے باقی لوگ رشک کریں گے۔ اس نے سَشن جج بننے کی ٹھان لی۔

اب وہ وکالت پڑھتا تھا۔ دن کو ادبی مشاغل ، لا کالج کی تعلیم اور رات کو قانون پڑھنا۔ کوٹھے کوٹھے جتنی بڑی کتابوں سے نبرد آزمائی، لیکن جس مٹّی سے اشک کا خمیر اٹھایا گیا تھا، جس ہڈّی سے اس کی پشت بنی، کسی بھی محنت کے قابل تھی۔ اسی دوران میں شیلا نے اُمیش، اشک کے سب سے بڑے لڑکے کو جنم دیا۔ گھر کے ماحول، خوراک کی کمی سے اس کی بیماری بڑھ گئی۔ اب اشک ایک طرف ادب تخلیق کرتا، دوسری طرف قانون کی کتابیں پڑھتا اور تیسری طرف ہفتے میں دو تین بار سائیکل پر آٹھ میل کی منزل مار کر گلاب دیوی ٹی۔بی۔ اسپتال میں شیلا سے ملنے جاتا۔ اسے دراصل یقین نہیں تھا کہ قدرت استہزا کو اس کمینہ حد تک لے جائے گی۔ وہ سمجھتا تھا کہ شیلا اچھی ہو جائے گی۔ اتنی محنت، اتنی ریاضت سے، اِدھر اشک ایک امتیازی شان سے قانون کے امتحان میں پاس ہو گیا، اُدھر شیلا چل بسی۔ قضا و قدر نے ایک ہاتھ سے دیا اور دوسرے ہاتھ سے سبھی کچھ چھین لیا۔ اب زندگی میں کوئی قاعدہ کوئی قانون نہ رہا۔ اشک نے سشِن ججی کے خیال کو بالائے

طاق رکھ دیا۔ جس کے لیے وہ جج بننا چاہتا تھا، وہ تو جاچکی تھی ۔۔۔ اس نے رنج، بے حد تکان، بے حد اضمحلال کے عالم میں اپنا قلم اٹھایا اور ادب پیدا کرنا شروع کر دیا۔ کیونکہ ادب ہی تھا جس میں اپنے آپ کو غرق کر دینے سے وہ اپنی زندگی کے عظیم سانحے کو بھول سکتا تھا۔۔۔ گھر بھر کے نزاع، حالات کی ابتری ہی تھی جسے اشک نے اپنی تحریروں کا مضمون بنایا۔ اس زمانے میں وہ اپنا نیم سوانحی ناول "گرتی دیواریں" شروع کر چکا تھا، جو اس کا بڑا کارنامہ تھا۔ اس کے ساتھ چھوٹی چھوٹی کہانیاں —کونپل، 324، گوکھرو، ڈاچی وغیرہ لکھیں، جن پر اشک کی عظیم اداسی کی چھاپ ہے۔

شاید اشک میری اس بات کی شہادت دے کہ اس نے محبت صرف ایک عورت سے کی ہے اور وہ شیلا ہے، کیونکہ اس زمانے میں شعور رکھنے کے باوجود وہ نہ جانتا تھا [کہ] محبت کیا ہوتی ہے اور نہ شیلا جانتی تھی۔ وہ دونوں جی رہے تھے لیکن اپنے لیے نہیں، ایک دوسرے کے لیے۔ اور یہ محبت تھی جس کی ہر ادا والہانہ تھی، جو نہ کسی صفت کی محتاج تھی اور نہ موصوف کی۔ اس کے بعد بھی اشک نے محبت کی۔ لیکن جنون اس میں سے غائب ہو چکا تھا۔ اس میں ایک پختگی آچکی تھی جس کے کارن وہ دوسری شادی کے کچھ ہی دنوں کے اندر مایا، اپنی دوسری بیوی، کو چھوڑ سکا اور کوشلیا، اپنی موجودہ بیوی، سے کہہ سکا ۔۔۔ جانِ من! میں زندگی کا سفر کرتے کرتے تھک گیا ہوں۔ مجھ میں جوانی کی وہ لپک نہیں رہی ہے۔ اگر تم مجھ سے اس کی امّید رکھتی ہو تو بیکار ہے۔ میں اس محبت کے قابل نہیں، جو شعلۂ جوّالہ ہو، ہاں وہ محبت میں تمھیں دے سکتا ہوں جو دھیمی آنچ ہو سکتی ہے اور اس لیے خوش ذائقہ بھی ہوتی ہے۔

تو یوں مجھے اپنے گھر لا کر اشک نے میرے ساتھ سیکڑوں باتیں کر ڈالیں۔ اپنا کھایا پیا سب میرے سامنے اگل دیا۔ آزمودہ کار آدمی عام طور پر اپنا سب کچھ نہیں کہہ ڈالتے

اور یوں، پھر اس آدمی سے، جو اِن سے پہلی بار ملا ہو۔ مگر اشک مجھ سے بہت کچھ کہنا چاہتا تھا۔ یہ تو اچھا ہوا میں مل گیا، نہیں تو وہ دیواروں سے باتیں کرتا۔ سڑک پر گڑے کسی بجلی کے کھمبے کے سامنے اپنی داستان دہرا دیتا۔۔۔ جب تک رات آدھی سے زیادہ جا چکی تھی۔ غبار دب چکا تھا، البتّہ آسمان کچھ صاف نہ تھا۔ کہیں کہیں کوئی ستارہ خود نمائی کے عالم میں دُھند اور دھوئیں اور دھول کی قبائیں چیرتا پھاڑتا اپنا ٹمٹماتا ہوا حسن دکھانے لگتا۔ اشک کی باتوں میں مَیں کئی بار ہنسا، کئی بار میری آنکھوں میں آنسو بھر آئے۔ اب میری طبیعت اوبنے لگی تھی۔ کچھ اِس بات کا بھی خیال تھا کہ اِس وقت میری بیوی گھر میں انتظار کر رہی ہوگی۔ جب تک مرد کے سیلانی ہونے کا یقین نہ ہو جائے، ہر عورت اپنے میاں کے پیچھے کچھ گھوڑے دوڑا دیتی ہے۔ ان میں کچھ گدھے نکل آتے ہیں، جن میں میرا ایک عزیز تھا جو مجھے ڈھونڈنے کے لیے بھیجا گیا۔ اشک مجھے کچھ دور چھوڑنے کے لیے مکان سے نیچے اترا۔ وہ دور نہ جا سکتا تھا، کیونکہ جب تک اس نے دھوتی کُرتے کو تہبند اور بنیائن سے بدل لیا تھا۔ لیکن پھر باتوں کے نئے شوشے چھوڑتے ہوئے ہم انار کلی کے بازار سے نکل کر بائبل سوسائٹی کے سامنے چلے آئے اور پھر وہاں سے ہوتے ہوئے مال روڈ پر۔۔۔ میرے گھر کی طرف۔۔۔ گول باغ، جہاں میرا وہ عزیز، جیسا کہ بعد میں پتا چلا "چھٹیے درد فراق دا لیئے" گاتا ہوا پاس سے گذر گیا اور ہم بے فکری کے عالم میں گول باغ کے ایک بینچ پر بیٹھ گئے۔۔۔ آہستہ آہستہ مجھ میں اپنی بیوی کی وجہ سے ایک گھبراہٹ پیدا ہو رہی تھی۔ میں نے اُٹھنے کی کوشش کی، مگر اشک اپنی کِوتا سناتا رہا۔

چل دو گی کُٹیا سونی کر، اِسی گھڑی اِس یام
یُگ یُگ تک چلتے رہنے کا مجھے سونپ کر کام

اور میں اس کی داد دے رہا تھا۔ مجھے کِوتا اچھی ضرور لگی لیکن گھر کا خیال بھی ستا رہا

تھا۔ اب میں کمبل کو چھوڑنا چاہتا تھا لیکن کمبل مجھے نہیں چھوڑ رہا تھا۔ آخر میں نے جی کڑا کیا، لیکن جو الفاظ میرے منھ سے نکلے، معافی نامے کی حیثیت سے زیادہ نہ تھے۔ میں اٹھا تو اشک بھی میرے ساتھ اٹھ گیا۔۔۔ باتیں کرتا ہوا وہ میرے گھر کے سامنے کھڑا تھا۔

بچے نے دروازہ کھولا اور میں جلدی جلدی اندر گیا۔ بیٹھک کھول کر بتّی جلائی اور اشک کو اندر بٹھایا، اتنی گرمی کے باوجود ستونت، میری بیوی، نیچے میرا انتظار کر رہی تھی۔ وہ عام کلرک کی بیوی تھی جو دفتر سے چھٹّی کے آدھے گھنٹے کے اندر اندر شوہر کو اپنے گھٹنے کے پاس بیٹھا دیکھنا چاہتی ہے اور اب تو رات آدھی سے زیادہ گذر چکی تھی اور "بُرے بُرے خیال من میں آرہے تھے۔"

"کہاں رہے اتنی رات تک؟" اس نے مجھ سے پوچھا۔

" جہنّم میں۔" میں نے کہا۔" تم ذرا میرے ساتھ بیٹھک میں آؤ۔ ایک بہت بڑا ادیب مجھ سے ملنے آیا ہے۔۔۔"

"ہاں مگر۔ اس وقت؟"

ہاں۔ تم آؤ تو!"

اور میں ستونت کا ہاتھ پکڑ کر اسے بیٹھک کی طرف لے چلا۔ جب تک ستونت ادیبوں کو عزّت کے قابل کوئی چیز سمجھتی تھی۔ جلدی جلدی ستونت نے اپنا غصّہ پی لیا اور اپنے چہرے کو، جیسے کچھ ہوا ہی نہیں، کے نک سُک سے سنوارتے ہوئے میرے پیچھے بیٹھک میں چلی آئی اور ایک کالے کلوٹے آدمی کو اس ہیئت کذائی میں دیکھ کر ڈر گئی۔ اشک اس وقت بھاٹی دروازے کا کوئی غنڈہ معلوم ہو رہا تھا، جس سے لاہور کی سب عورتیں ڈرتی تھیں اور اسے سامنے آتے دیکھ کر سڑک چھوڑتے ہوئے ایک طرف ہو جاتی تھیں۔ ستونت نے جلدی سے 'نمستے' کی اور ایک طرف کھڑی ہو گئی۔ مجھے اس کا

یہ انداز اچھا نہ لگا۔ لیکن میں کر ہی کیا سکتا تھا۔ میں نے پہلے اشک کی طرف ہاتھ بڑھایا ---" اوپندر ناتھ اشک "۔ اور پھر بیوی کی طرف —"ستونت، میری بیوی۔"

چھوٹتے ہی اشک نے میری بیوی کا نام پکارا۔ " ستونت! برا مت ماننا۔ میں ایسے ہی چلا آیا ہوں۔ "اس نے اپنی بنیائن اور تہبند کی طرف اشارہ کیا۔ " بات یہ ہے کہ میں ملنگ آدمی ہوں---"

اور پھر زور سے میرے ہاتھ پر ہاتھ مارتے ہوئے ہنسا — ایسی ہنسی میں، جس سے پھیپھڑے پھٹ جائیں۔ ایک چڑیا، جس نے اوپر کارنس کے قریب گھونسلا بنا رکھا تھا، پھڑ پھڑا اٹھی۔ سامنے گھر کی بتّی جلی اور کسی نے بالکونی پر سے جھانکا---اس سے پہلے میری بیوی کچھ کہتی، اشک اس سے کہہ رہا تھا۔ "کچھ کھانے کو ہے ستونت!---بہت بھوک لگی ہے---"

***

راجندر سنگھ بیدی کے منتخب افسانوں کا مجموعہ

مقدس جھوٹ اور دیگر افسانے

راجندر سنگھ بیدی

بین الاقوامی ایڈیشن منظر عام پر آ چکا ہے